Cómo dibujar
Personajes
Mágicos

longseller

Dedico este libro
a mi hijo Arturo, a mi esposa Sabina, a mi
ahijado Juan.

Agradezco sinceramente a Carlos Fernández por
permitirme usar sus muñecos articulados
artesanales como modelo de los duendes de las
páginas 80, 85 y 86, que en mi opinión son de
los mejores que hay en el mundo.
Gonócelos en www.tierraduende.com.ar

También agradezco a Juan Carlos Kreimer por
su apoyo y supervisión en la preparación de
este libro y a mi esposa Sabina en la ayuda
de correcciones y aportes para el mismo.

Visita la página web de este libro realizado
por Fedhar en la siguiente dirección:
www.personajesmagicos.fd-web.com

Puedes ponerte en contacto con Fedhar para
expresar tus inquietudes o dudas.
También puedes enviarle tus bocetos o dibujos
basados en los ejercicios de este libro a la siguiente
dirección de e-mail: fedhar@yahoo.com

Introducción

Carta al aprendiz

Bien, ya lo tienes en tus manos: **Cómo dibujar Personajes Mágicos**. Un libro único, la mejor compilación de ejercicios que haya existido hasta ahora.

Pensarás que estoy bromeando. ¡No! Este es el trabajo de muchos años de dibujo e investigación, un real compendio para los amantes de la fantasía, los seres de leyenda y los cuentos de hadas, ¿qué más?

A diferencia de otros libros que enseñan a dibujar (que también los recomiendo), he incluido unas técnicas muy antiguas de construcción de rostros y personajes a partir de formas geométricas, como el círculo, el triángulo, el cuadrado y la estrella. Un método realmente muy antiguo, basado en viejos manuscritos medievales que describen formas didácticas de dibujo: el Método Medieval de Dibujo. Más mágico que esto, imposible, ¿no?

Existen innumerables personajes mágicos, como magos, brujas, duendes, elfos, hadas, gnomos, y animales mágicos, como pegasos, grifos, dragones y unicornios. También los hay bien malos, como orcos, trolls, ogros, etc. En las páginas de este libro encontrarás los más conocidos, los que aparecen en la mayoría de los relatos, que he seleccionado especialmente.

Para saber más de estos seres de leyenda, en la tercera parte del libro encontrarás una **Galería de Personajes Mágicos** con algunos comentarios y descripciones sobre cada uno. De este modo, conocerás mejor los rasgos y las características de lo que vas a dibujar.

Te sorprenderás con los distintos ejercicios para dibujar. Algunos son más simples, otros más complejos. Tú verás con cuáles decides comenzar. Es importante que te inspires en el personaje que vas a dibujar; debes tener verdaderos deseos de hacerlo. Si lo visualizas en tu mente, la imagen se iluminará, y será entonces cuando tendrás el valor de tomar el lápiz y dibujar.

El dibujo no puede ser una tarea obligada, es una actividad artística y espiritual. Si no le ponemos nuestro entusiasmo al hacerlo, no saldrá bien, quedará apagado, sin vida. No te desanimes si en los primeros intentos no logras lo que pretendes. Inténtalo una y otra vez, sólo de este modo puedes mejorar la calidad de tu trabajo. El dibujo requiere práctica permanente, como en los deportes; hay que tener paciencia, prestar atención a los detalles. Pon la cabeza y el corazón en ellos, de esta forma, seguramente lograrás dibujar tus propias creaciones, no sólo los ejercicios de este libro.

Te diré un secreto: un amigo muy importante para mí, todo un personaje, es quien me ha ayudado a realizar gran parte de este libro. Se trata del mismísimo Mago Merlín, un verdadero sabio, a quien estimo y respeto. Seguramente conoces algunas de sus historias en el castillo de Camelot, junto al Rey Arturo y los Caballeros de la Mesa Redonda (y si no las conoces, ve rápido a leerlas, ¡son realmente fantásticas!).

Estoy seguro de que en su gran biblioteca de la casa del bosque, aquella de setenta ventanas, el mismo Merlín tiene **Cómo dibujar Personajes Mágicos** y se divierte mucho con él, porque este libro no sólo está destinado a niños y a jóvenes, sino también a adultos y artistas en general.

En el fondo de nuestro corazón habita un niño o niña que se deslumbra y estalla en risas con la fantasía, que se estremece de amor por todos los seres del universo, el arte y las leyendas de la Antigüedad. Querido amigo, querida amiga, espero lo disfrutes.

Con mis Mejores Deseos

FEDHAR

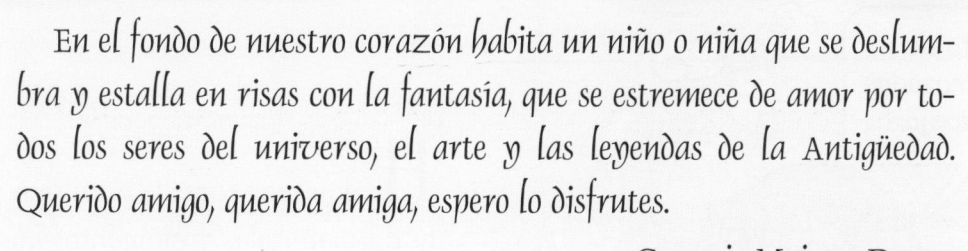

¡Estrellas y cometas! ¡Este libro sí que está bueno! ¡Abracadabra!

Materiales a utilizar

Basta de manos cruzadas. ¡A trabajar!

He aquí una sencilla pero muy útil lista de materiales y elementos que necesitarás en el trabajo de dibujo de los personajes mágicos o de cualquier otro dibujo que quieras realizar fuera de las pautas de este libro.

La mayoría es fácil de encontrar en cualquier librería. Hay materiales más caros, como ser papeles especiales, tintas y demás, pero te aseguro que con esta lista que te propongo podrás realizar tus dibujos de forma profesional.

✔ Lápiz negro HB y 3B para los ejercicios, bocetos, y dibujos finales.

✔ Lápiz color celeste para ejercitar bocetos y luego entintar sobre éstos.

✔ Papel blanco tamaño carta, A4 u oficio como mínimo para tus ejercicios y bocetos, pero puedes hacerlo en hojas más grandes si deseas.

✔ Cartulina blanca: puedes utilizar cartulina blanca como base de tus dibujos entintados. La cartulina es más resistente a la humedad del pincel y evita que se deforme su superficie. También el papel canson es bastante grueso, puedes dibujar con lápiz y pintar con acuarelas muy bien sobre él.

✔ Goma de borrar para lápiz de buena calidad. Algunos utilizan miga de pan, ¡prueba!

✔ Lapicera roller negra para pasados de línea.

✔ Estilógrafos de varios grosores, de color negro para pasados de línea.

✔ Marcadores negros de punta fina y mediana para pasados de línea.

✔ Caja de luz para poder calcar y mejorar tus propios dibujos.

✔ Hojas de calcar para rehacer partes y mejorar la calidad del dibujo final.

✔ Pinceles 0, 1, 2 y 4 para lograr grosores de líneas diferentes.

✔ Plumón para tinta china.

✔ Tinta china color negro.

✔ Un frasco con agua, para humedecer los pinceles y la pluma.

✔ Regla (mínimo 30 cm de largo), y escuadra.

Primera Parte

¡La Magia de Dibujar!

Cuando comenzamos a realizar un dibujo, lápiz en mano frente al papel blanco, estamos presenciando un verdadero acto de magia, ya que de esa "nada" del papel, va surgiendo "algo", en principio muy difuso, que se va definiendo poco a poco, hasta que finalmente aparece la imagen pensada. Con esto has manifestado un pensamiento ¡y lo has hecho visible!

La palabra "mago" proviene de la palabra antigua **imago** que significa imagen. Así que mucho tiene que ver la magia con la "imagen", sea ésta dibujada o corporizada. No había nada en la galera y aparece un conejo, no había nada en el papel y aparece un simpático duende. ¡Dime si esto no es magia de verdad!

¡Abre las alas de tu imaginación y prepárate!

Algunos consejos para el joven dibujante

El lugar de trabajo

Busca un lugar cómodo para dibujar. Hazlo sobre una mesa que no te quede muy alta ni muy baja, ya que dibujar sobre superficies incómodas cansa, no permite tener buena visión de lo que estás haciendo y daña tu columna.

La iluminación

Es muy importante que esté bien orientada en relación a la mesa donde trabajas, y sea suficiente. Una lámpara de dibujo es ideal, ella tiene que iluminar la zona de trabajo de tal forma que tu mano no haga sombra sobre el dibujo que estás realizando. Si eres diestro, la luz debe llegar de tu izquierda; si eres zurdo, de la derecha; de este modo, ves claramente lo que haces y no deterioras tu vista.

El tablero

Si no tienes una mesa de dibujo profesional, también es muy útil un simple tablero de madera, en un formato de 50 cm x 70 cm. Puede ser más pequeño.

Los lápices

Los lápices deben estar siempre en buen estado. No deben ser muy cortos y contar con buena punta. Así que usa permanentemente el sacapuntas aunque se gaste más rápido. Cuando usas un lápiz blando y precisas que tenga una punta gruesa lo haces para delinear trazos más definitivos.

Guando dibujes con lápiz, coloca debajo de la mano con la que dibujas un trozo de papel para proteger el dibujo que estás realizando. Si así no lo haces, al mover la mano y apoyarla sobre partes dibujadas, el polvo del lápiz irá manchando el dibujo y luego tendrás que borrarlo con mucho cuidado. Por eso, ten en cuenta esta recomendación.

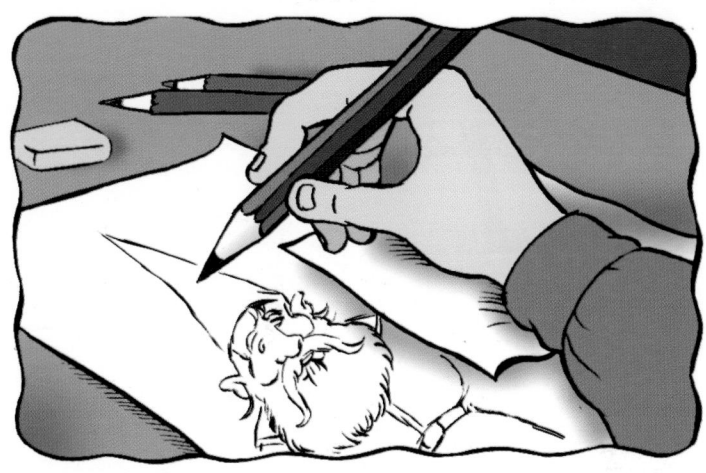

Bocetos

Para bocetar puedes usar un lápiz de color celeste. Es una técnica profesional que se utiliza para diferenciar el dibujo bocetado y el final, que será en lápiz negro. También esta técnica se utiliza cuando quieres sacar fotocopias del dibujo final, ya que las líneas celestes del boceto no aparecen en la fotocopia.

No aprietes demasiado el lápiz al comenzar un dibujo. Hazlo suavemente; luego, a medida que vas ajustando el boceto y te lanzas a remarcar líneas finales, las líneas que definen el dibujo, sólo entonces puedes aumentar un poco la presión.

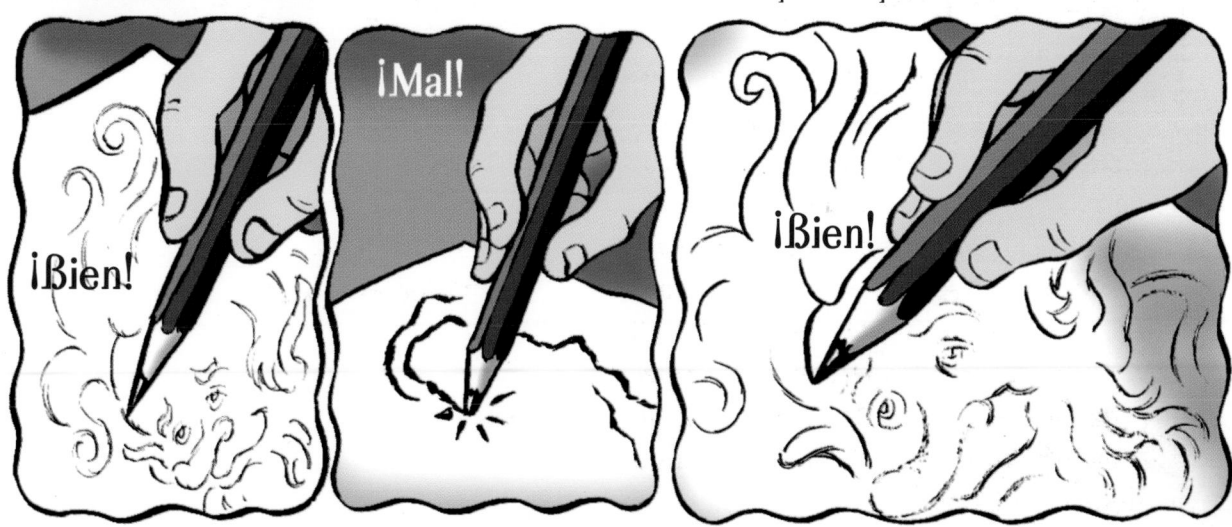

Limpieza

Si utilizas pinceles y/o plumas de diverso grosor, mantenlos siempre limpios. No dejes secar la tinta en los pinceles, los arruina. Las plumas, mientras no las estés usando, colócalas en un frasco con agua; no así los pinceles, ya que sus puntas se doblan.

Construye una mesa de transparencia...

... si quieres realmente incorporarte a esta profesión. Encontrarás al final del libro un pequeño plano de la misma. Permite colocar el boceto, y encima otro papel donde realizar el dibujo final, como si calcaras, pero con papeles más gruesos y opacos, como las cartulinas.

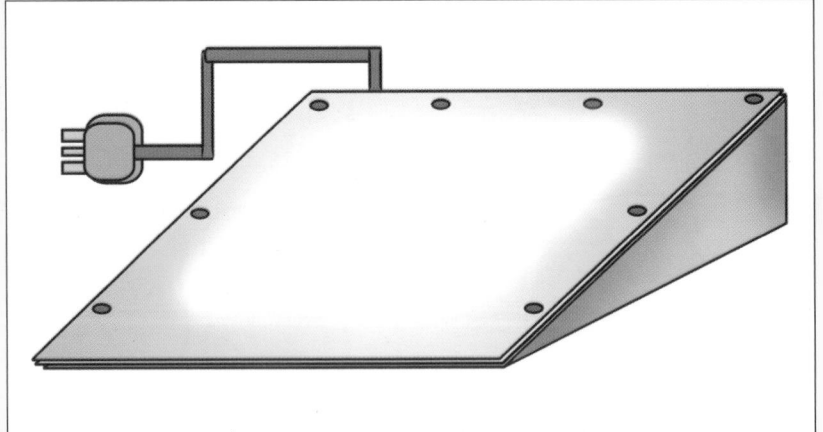

Esto permite que corrijas una y otra vez sobre tus propios dibujos y esquemas.

Si no tienes una, puedes hacerlo fijando un boceto con cinta adhesiva sobre alguna ventana en horarios donde haya luz natural. Actúa como la mesa de transparencia, permitiéndote hacer y rehacer todas las correcciones y ajustes las veces que quieras sobre el boceto original.

Capítulo 1

Ejercicios de dibujo

Antes de comenzar a construir los Personajes Mágicos a partir de los ejercicios y ejemplos de este libro, recomiendo sobremanera que practiques dibujando formas redondeadas, líneas rectas, triángulos, cuadrados y rectángulos. Eso te ayudará a estilizar y soltar el trazo de dibujo. Utilizarás para esto un lápiz ni muy duro ni muy blando (Hß). Comienza a realizar muy sueltamente, sin apretar demasiado el lápiz, formas ondulantes de todo tipo, luego continuaremos esbozando círculos y óvalos.

Para que realmente el trazo fluya, **no** debes reparar en la perfección ni en los detalles, solamente comenzarás moviendo la mano en forma circular como haciendo un rulo (como muestro en la imagen) y suavemente dibuja este movimiento con el lápiz sobre el papel de práctica de bocetos.

El lápiz debe deslizarse, como un patinador sobre el hielo, una danza; por eso sugiero que el lápiz no sea duro, ni el papel rugoso, ya que trabaría la soltura de la línea de dibujo.

Observa los ejemplos con detenimiento:

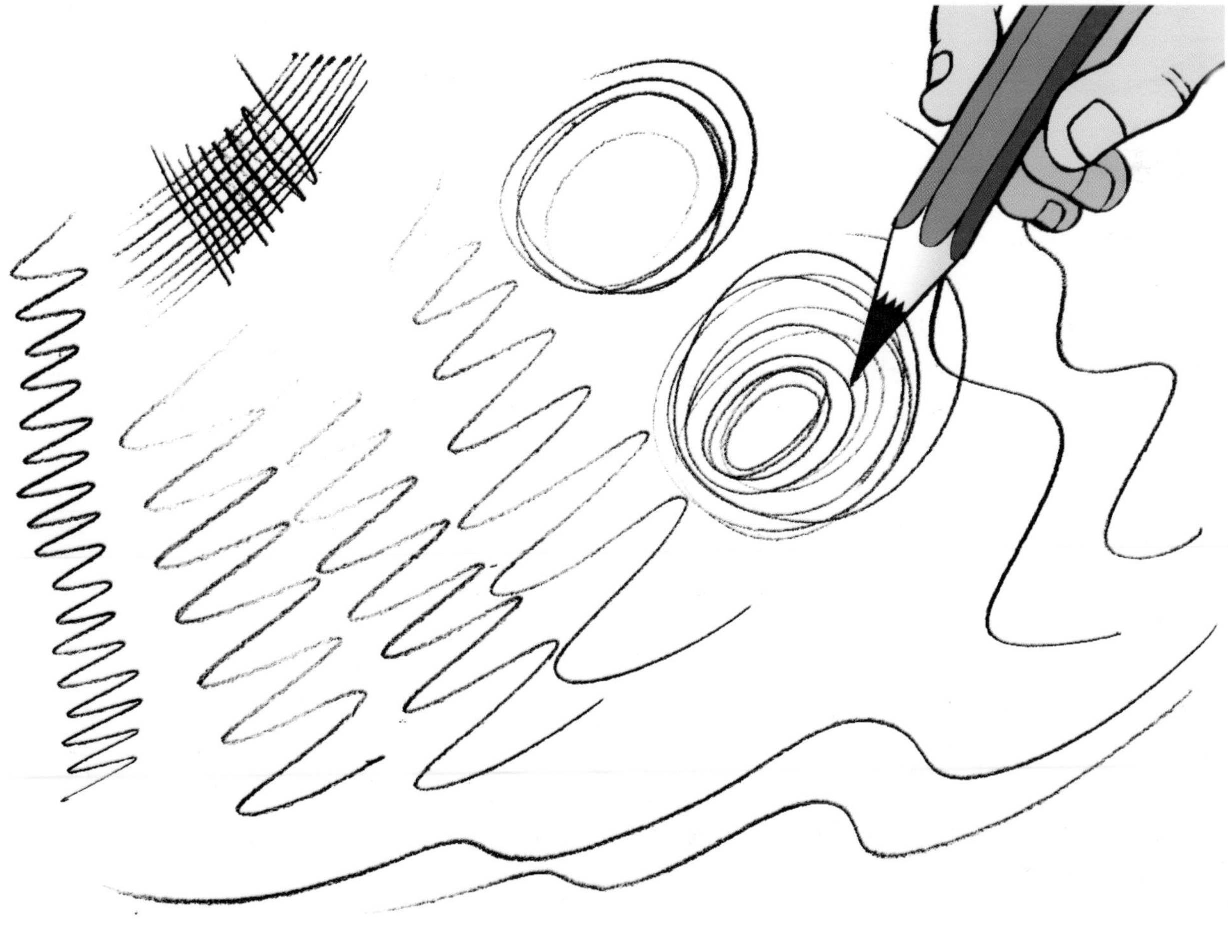

Dibuja círculos y óvalos

Realiza estos ejercicios de manera suelta. No quieras dibujar un círculo perfecto la primera vez. La mano gira y el lápiz se desliza como sobre vidrio. Al girar, encontrarás la forma circular, mientras vas ajustando sus proporciones y redondez. A medida que lo haces, creas una forma redondeada. Lo mismo sirve para el óvalo, el mismo movimiento, pero alargando el círculo en forma vertical. Estos son algunos ejemplos de formas circulares y ovaladas:

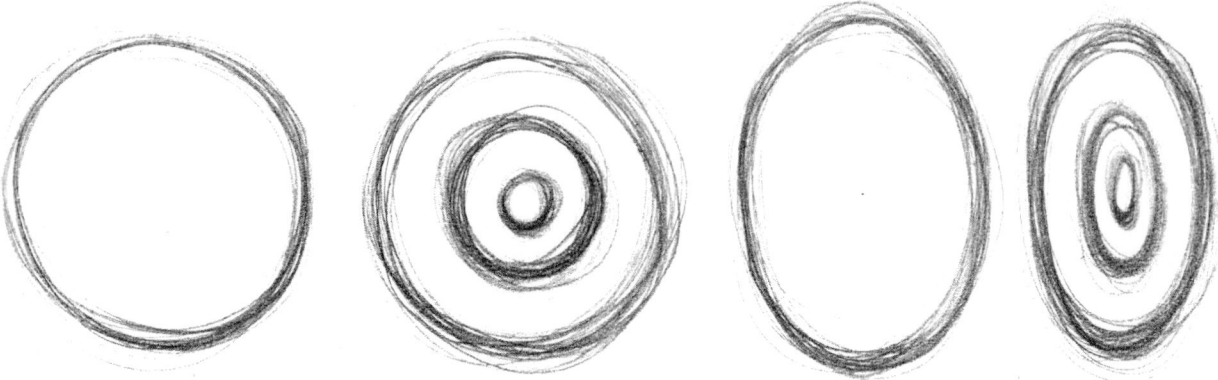

Luego dibuja fluidamente formas ondulantes y espirales, de la misma manera que el ejercicio anterior.

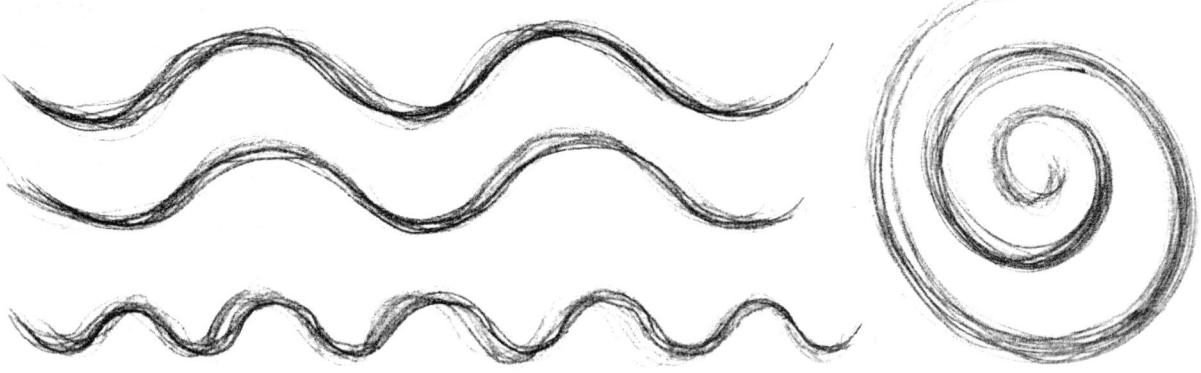

A continuación, dibuja líneas en forma de arco, trazándolos en varias direcciones opuestas: hacia arriba, hacia abajo, llenando espacios. Es muy divertido. Puedes hacerlo en papeles grandes y explayarte todo lo que quieras. Estos ejercicios son la gimnasia del dibujante.

Finalmente, practica todo tipo de ondas, círculos, óvalos y formas de pera.

Ahora practica líneas horizontales y verticales, de un solo trazo. Agrega cuadrados y triángulos.

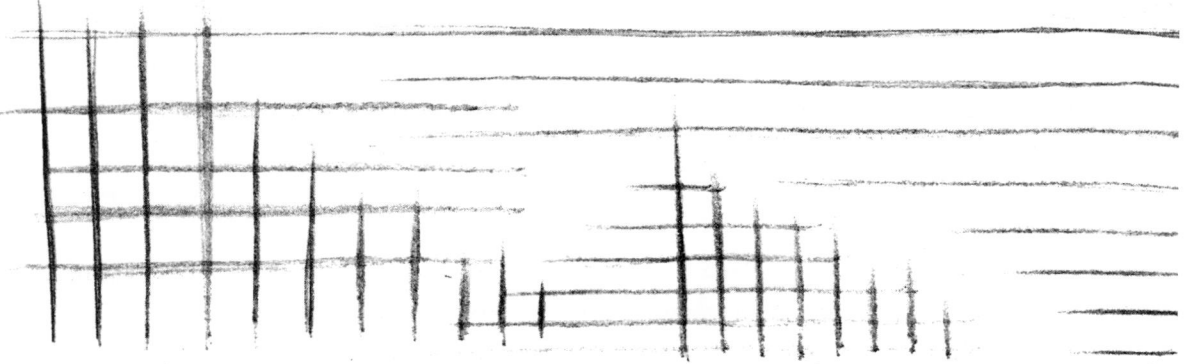

También puedes trazar líneas cuadrangulares y en zig-zag.

Finalmente, practica construyendo cuadrados y rectángulos de todo tipo y tamaño. Incluye cuadrados dentro de cuadrados, rectángulos dentro de rectángulos, combina los rectángulos y los cuadrados en estructuras geométricas variadas como las que te brindo en el ejemplo. Puedes inventar otros ejercicios, manteniendo las explicaciones para este ejercicio. ¡Es muy interesante y divertido hacerlo!

Estas prácticas las debemos realizar siempre antes de comenzar una jornada de dibujo. Son ejercicios de precalentamiento. Con ellos podremos construir los personajes mágicos y los escenarios para los mismos.

Además, ten en cuenta que todos estos ejercicios desarrollan tu capacidad artística y creativa. Te ayudan a afinar la vista y a agilizar los trazos.

Es importante detectar en cuál ejercicio tenemos mayor dificultad; éste será el que debes practicar más si quieres tener soltura de línea.

Practica estos ejercicios de formas dibujando con una línea ininterrumpida y agregando las formas adicionales:

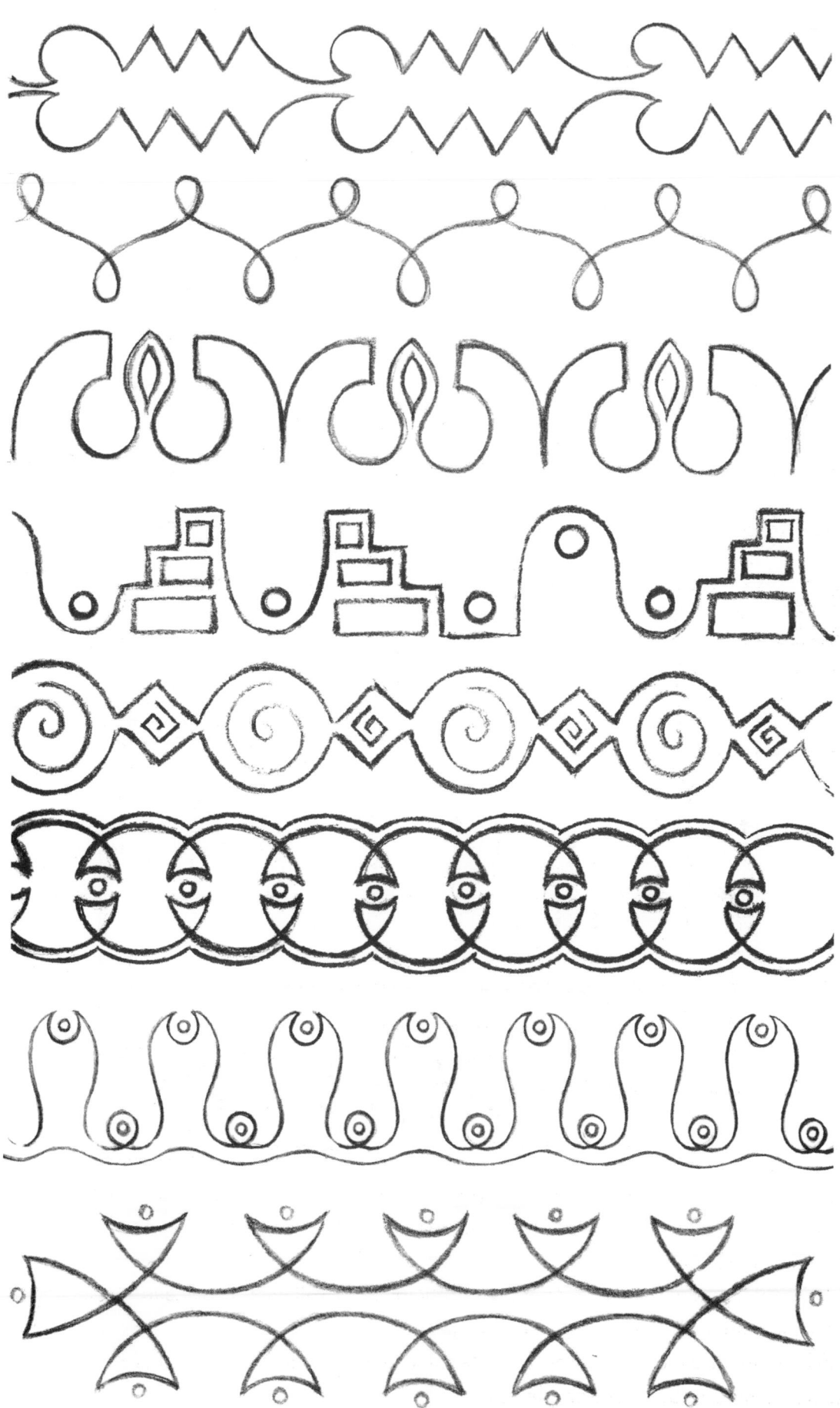

Simetrías

El dominio de la simetría es fundamental a la hora de dibujar todo tipo de cosas y personajes. Aquí incluyo algunos ejercicios que debes realizar a partir de líneas verticales. Debes aprender a dibujar la media forma que está resaltada, y finalmente dibujar la otra, como si fuera una imagen en un espejo. Inténtalo, es importante que lo hagas.

Capítulo 2

Misterios de la geometría

Las formas geométricas básicas

En este capítulo obtendrás algunas nociones de dibujo de las principales formas geométricas que necesitarás dominar para realizar todo tipo de dibujos y ejercicios incluidos en este libro. Ingresemos entonces al misterioso mundo de las formas y sus múltiples posibilidades de creación...

Gomenzaremos estudiando el círculo, el triángulo, el cuadrado y el pentágono.

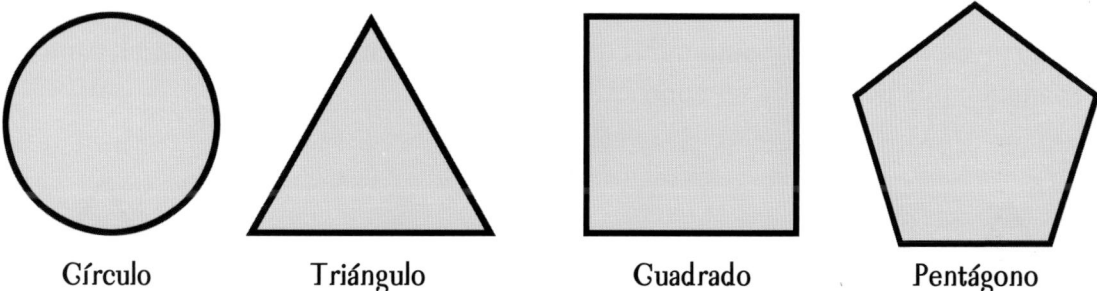

| Círculo | Triángulo | Guadrado | Pentágono |

Puedes dibujar, a partir de estas formas básicas, otras formas: esferas, huevos, cilindros, pirámides, conos, etc. Partiendo de círculos y óvalos puedes construir: un círculo, una esfera, una semiesfera o cúpula, un cilindro; un óvalo, la forma ovoide (de huevo) y una forma parabólica (sección de una esfera).

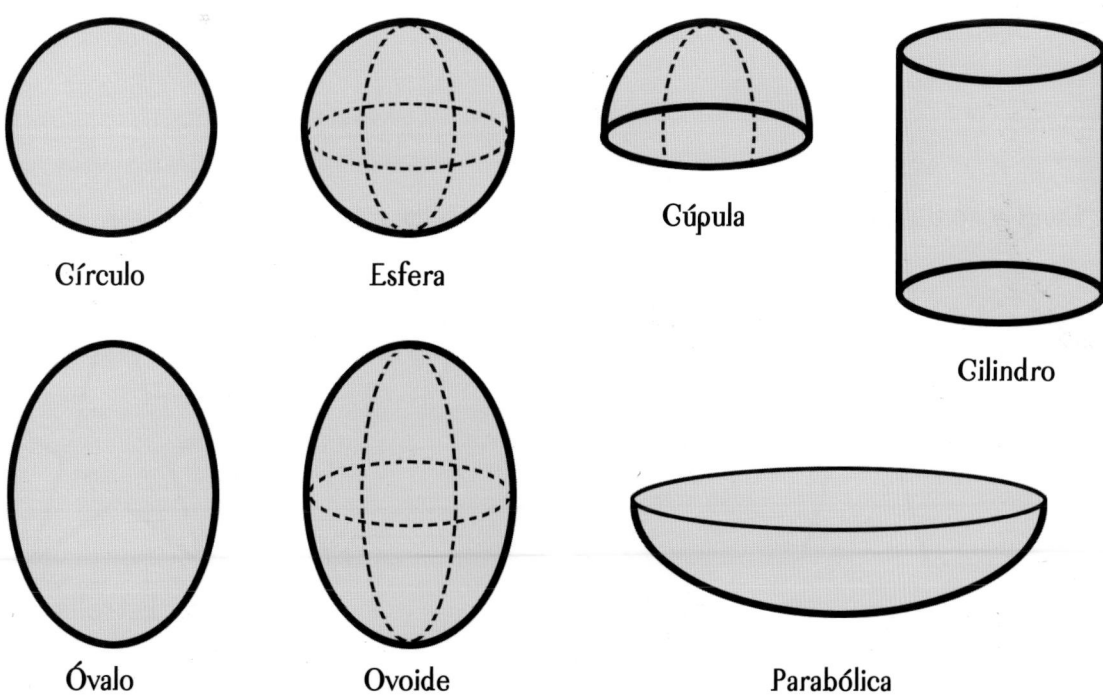

Círculo Esfera Cúpula Gilindro

Óvalo Ovoide Parabólica

A partir de un cuadrado y rectángulos, construyes: un cuadrado, un cubo, un rectángulo y un prisma rectangular.

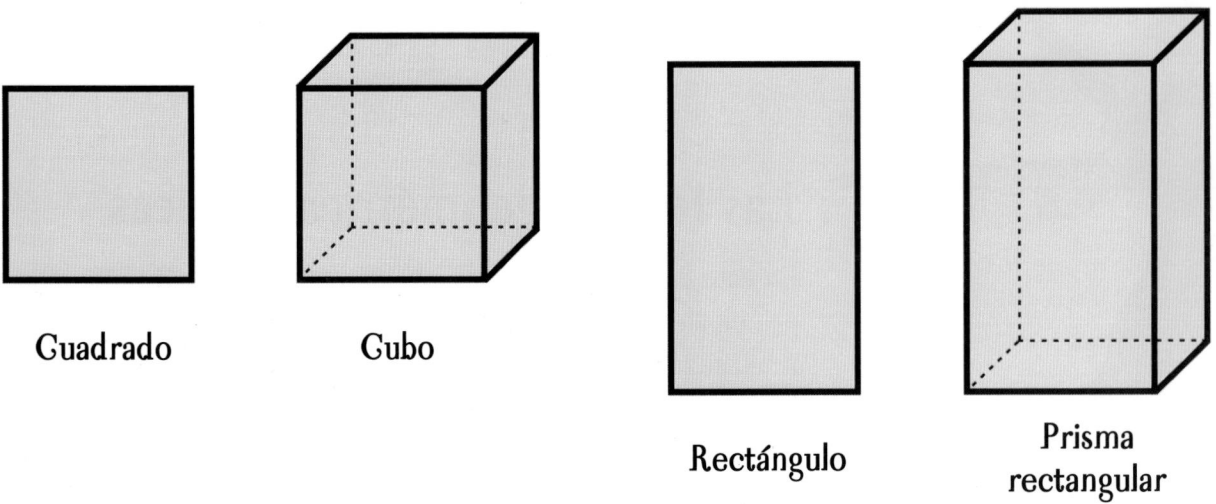

Cuadrado   Cubo

Rectángulo   Prisma rectangular

A partir de un triángulo, podemos construir las siguientes formas espaciales: un triángulo, una pirámide y un cono.

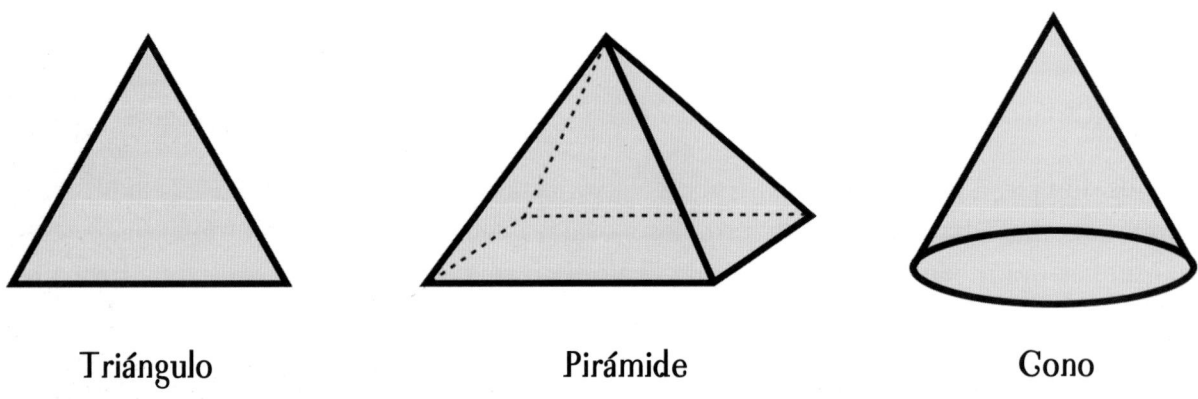

Triángulo   Pirámide   Cono

En el caso del pentágono, logras dibujar una estrella:

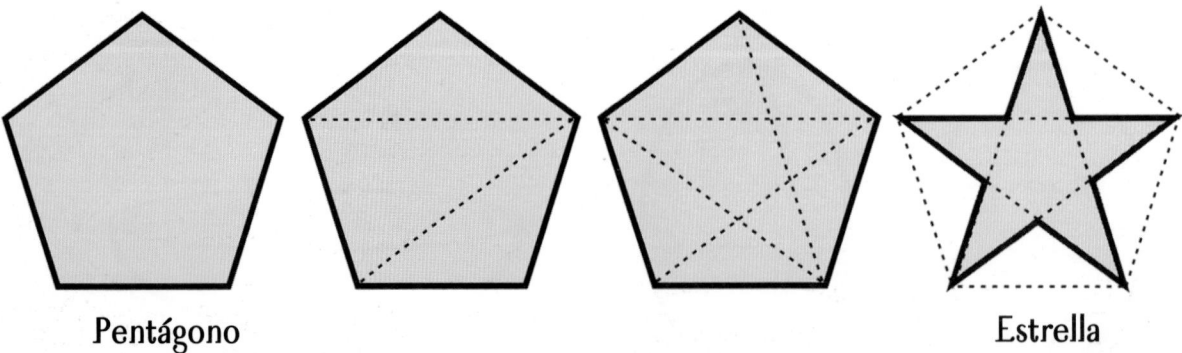

Pentágono   Estrella

Ejercicios a realizar:

A continuación, dibuja estrellas de varios estilos, regulares, alargadas, anchas, según las indicaciones del recorrido de la línea.

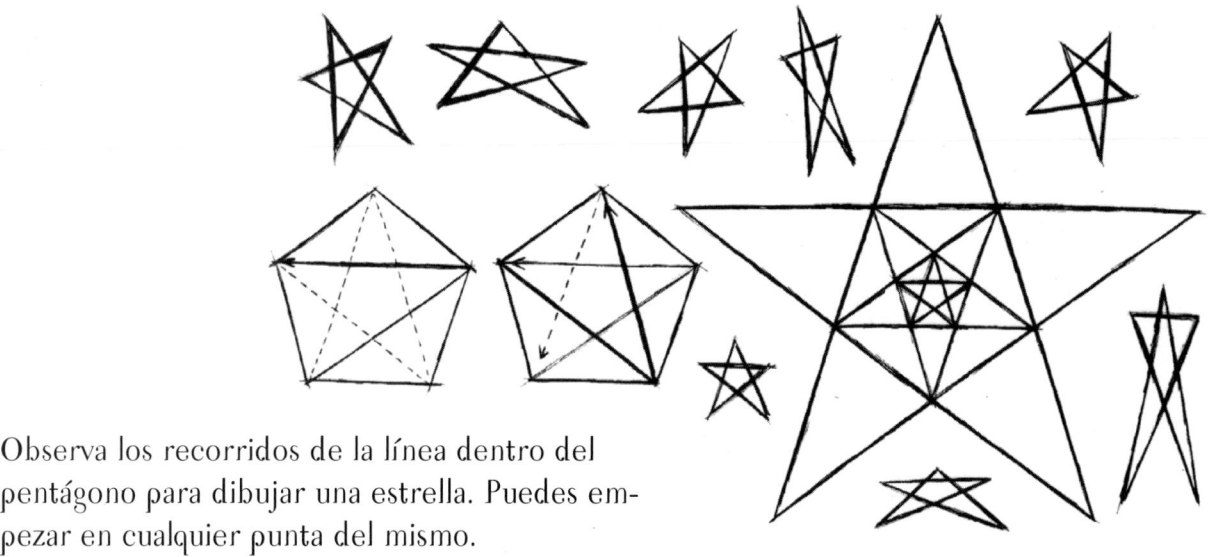

Observa los recorridos de la línea dentro del pentágono para dibujar una estrella. Puedes empezar en cualquier punta del mismo.

Luego construye esferas, cubos, prismas, pirámides, conos, y combínalos entre sí. Cuantas más formas utilices, mejor realizarás tus dibujos de personajes y escenarios.

Ejercicio de formas combinadas

Capítulo 3

Dibujos a partir de formas geométricas

Como hemos visto, todos los dibujos nacen a partir de formas geométricas. Es importante que vayas aprendiendo a ver las formas geométricas que actúan dentro de la forma de un objeto, animal, paisaje, edificio o persona.

Las cabezas de personajes, como así también sus cuerpos, generalmente nacen de formas redondeadas, pero también verás que pueden dibujarse a partir de formas de cuadrados, pentágonos, estrellas, esferas, prismas, cubos, conos, etc. Estas formas se combinan y "encajan" entre sí para crear una estructura, cosa que veremos en detalle más adelante. Ahora nos ocuparemos de utilizar formas simples, para que vayas entrenando tu ojo y tu mano en el dibujo de rostros de personajes.

Muchos artistas en la Antigüedad utilizaron estos conocimientos y dibujaron esquemas de dibujo sumamente interesantes.

Por ejemplo, el mismo **Leonardo Da Vinci** utilizó las formas geométricas en el Renacimiento. Observa cómo en su famoso dibujo del **"Hombre de Vitruvio"** (que representa al Hombre Universal) utiliza las formas del círculo y el cuadrado (los triángulos están, pero en forma invisible).

De estas iconografías antiguas, he adaptado su construcción para personajes mágicos. Quizá muchos no sepan de estos conocimientos antiguos, pero de un modo u otro han llegado a nuestro tiempo moderno y han sido la base para la realización de innumerables producciones artísticas, historietas y dibujos animados.

Comencemos entonces a introducirnos en este fantástico Método...

El círculo mágico

El círculo es una forma geométrica que ha sido muy utilizada por artistas y sabios antiguos. Tiene una relación estrecha con el cielo y los planetas. Muchos diseños de calendarios se organizaban a partir del círculo. Medallas, emblemas mágicos y símbolos también tenían esta forma.

¡Me siento redondo aquí arriba!

A partir del dibujo de uno o varios círculos, podrás construir rostros y personajes mágicos. El círculo es una forma primordial para la construcción de personajes y caras. Es muy importante que practiques asiduamente esta forma geométrica antes de comenzar a realizar los ejercicios.

El triángulo mágico

A partir del dibujo de un triángulo o varios, podrás construir rostros y personajes mágicos. La forma del triángulo ha sido muy utilizada por los sabios y magos de la Antigüedad, es una forma muy inspiradora e intensa. Muchos símbolos, talismanes, medallas, incluyen la forma del triángulo. ¡Hasta las misteriosas pirámides están construidas a partir de triángulos!

¡Allá vamos!

El triángulo es una forma bastante utilizada y se complementa muy bien con el círculo para la construcción de personajes y caras, es fundamental que practiques dibujarla y te afiances en su uso para realizar los ejercicios.

El cuadrado mágico

La forma del cuadrado ha sido muy utilizada por los sabios y magos de la Antigüedad, es una forma muy fuerte, por ello se usaba como base de la construcción de castillos. El cuadrado y el rectángulo son formas que se utilizan mucho en la construcción de personajes, rostros y edificios (castillos, torres, casas).

¡Soy el dragón guardián de este poderoso castillo!

A partir del dibujo de uno o varios cuadrados, podrás construir rostros y personajes mágicos. Es un método simple que sólo requiere que aprendas a dibujar líneas rectas verticales y horizontales en escuadra (con ángulos de 90°).

La estrella mágica

La estrella, como tú bien sabes, es la forma geométrica que más representa a los magos. Ya muchas veces hemos observado las estrellas en sus sombreros puntiagudos, o en la punta de un bonete de hada. También en símbolos misteriosos de viejos libros empolvados.

Muy estrellado todo. ¡Sí!

De las formas geométricas para dibujar caras y personajes, la estrella es la más mágica de todas, sin dudas. Pero requiere la mayor concentración para dibujarla, ya que te encontrarás con líneas rectas que viajan en diagonales desde diferentes puntos. Por ello debes ejercitarte mucho para su realización.

Ejercicios de dibujo para Magos

Si quieres realmente dibujar estos diseños mágicos, debes convertirte en un verdadero mago, porque son bastante complejos y laberínticos. Ellos precisan que hayas seguido correctamente las páginas anteriores de este libro.

El cerebro mágico

1- Dibuja un cuadrado con círculos en cada punta del mismo y divídelo con una cruz en partes iguales; en el centro de ella coloca el quinto círculo.

2- Une dibujando un semicírculo desde el círculo 1 central hasta el círculo 2.

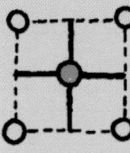

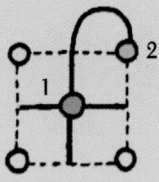

3- Ahora repite el procedimiento uniendo el círculo 1 central con el círculo 3, dibujando una línea curva. Trata de que no se choquen las líneas curvas entre sí, ellas deben contar con un espacio regular.

4- Luego une el círculo 1 central con el círculo 4, dibujando un semicírculo.

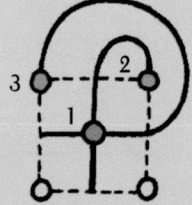

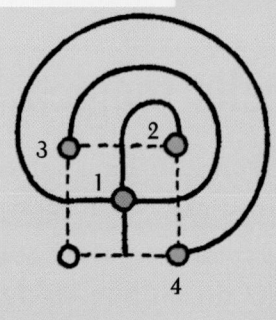

5- Finalmente une el círculo 1 central con el círculo 5, dibujando otra línea curva. ¡Ya tienes el diseño del laberinto!

Estos ejercicios desarrollan tu mente y tu capacidad de atención. Intenta hacerlos, ¡son en verdad mágicos!

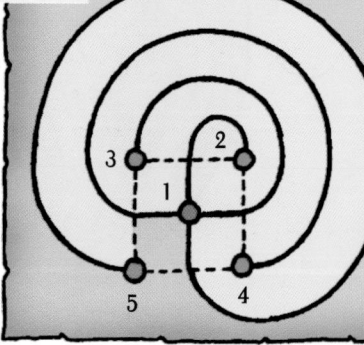

Une las diagonales del cuadrado. Como ves, ya puedes dibujar debajo del laberinto, mi rostro, el de un mago con el cerebro mágico para pensar maravillas.

El triángulo mágico

Figura 1: Dentro de este triángulo mágico dibujarás un intrincado nudo celta, inventado por los magos druidas. Para hacerlo, comienza dibujando un triángulo y agrégale un borde de poco espesor. Marca sus diagonales internas (líneas punteadas a, b y c), cada una apuntando exactamente a la mitad del lado opuesto: a-1, b-3 y c-2.

Figura 2: Ya con las diagonales dibujadas te orientarás para dibujar un círculo (4) y tres semiesferas que nacen de cada lado del triángulo (5, 6, 7). Observa la imagen en líneas punteadas.

Figura 1

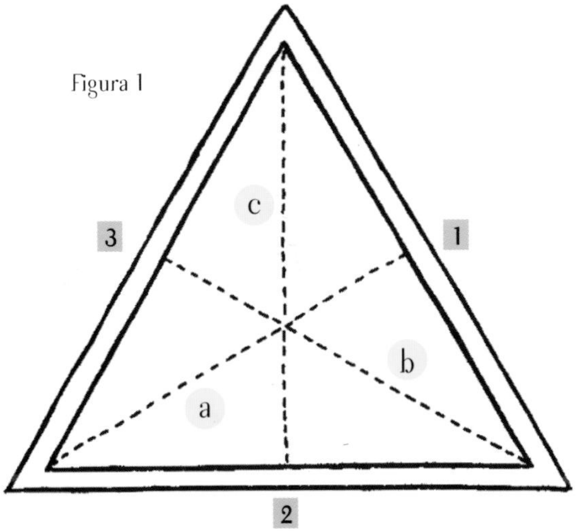

3 c 1
a b
2

Figura 2

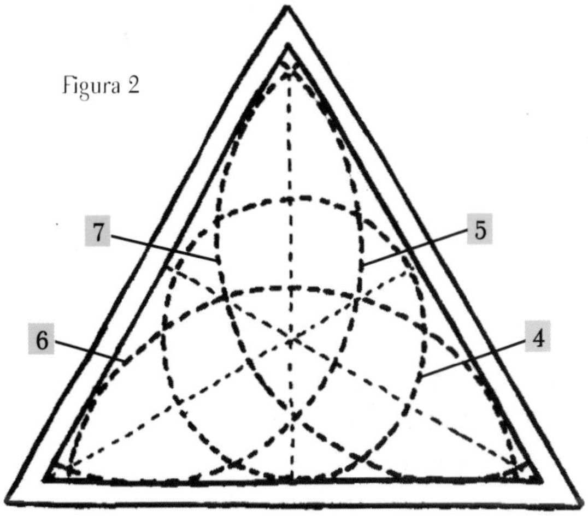

7 5
6 4

Figura 3

9
8 10
11

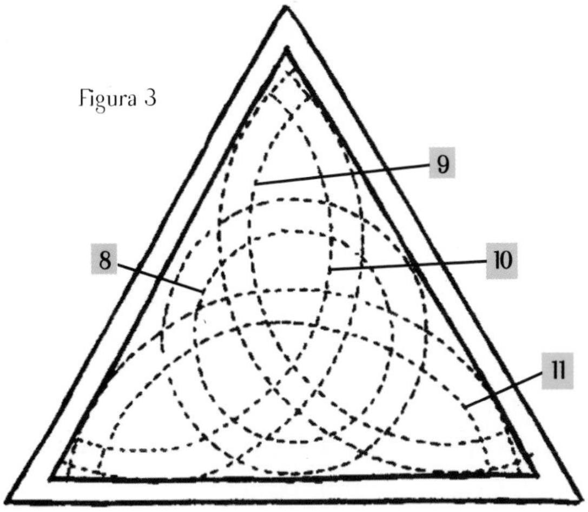

Figura 4

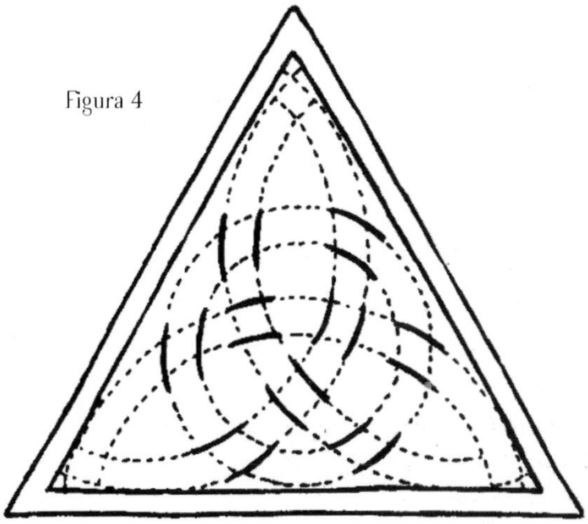

Figura 5

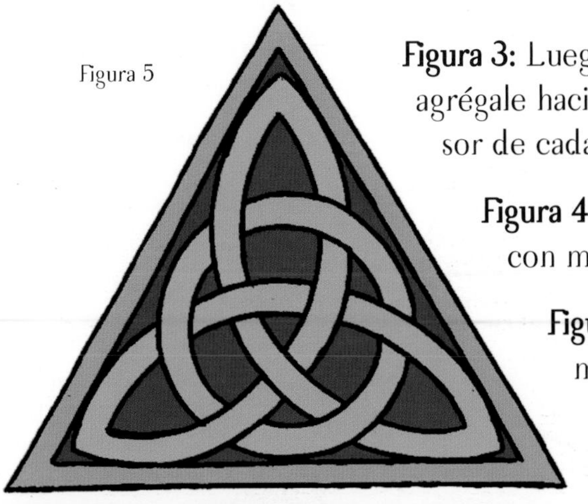

Figura 3: Luego de dibujar los semicírculos y el círculo central, agrégale hacia adentro una línea adicional para definir el grosor de cada una (8, 9, 10 y 11).

Figura 4: Ya tienes todo el diseño realizado, ahora marca con más intensidad los "puentes" o pasajes del nudo.

Figura 5: Finalmente, dibuja el nudo a partir de las marcaciones de "puentes" realizadas y verás cómo el nudo tiene movimiento dentro del triángulo.

Espirales mágicos

Este es un ejercicio complejo, requiere toda tu atención y paciencia. Se trata de un círculo desde cuyo centro emergen tres espirales.

Figura 1: Lo primero que debes dibujar es un círculo muy bien hecho, y dentro un triángulo. Marca el centro del triángulo trazando las diagonales internas del mismo; cada diagonal debe apuntar a la mitad exacta de cada lado del triángulo. De esta forma, finalmente coloca pequeños círculos, uno en cada punta del triángulo (a, b, c), y uno en el centro (d).

Figura 2: Desde el centro del triángulo (d), debes realizar tres líneas semicirculares que cortan cada diagonal del triángulo en tres puntos: 1, 2 y 3.

Figura 3: Desde el punto 1, dibuja una espiral hasta el círculo "c". Calcula bien su recorrido, guiándote por dónde pasa a través del triángulo dibujado ahora en línea de puntos.

Figura 4: Desde el punto 2, dibuja de la misma forma una espiral hasta el círculo "a".

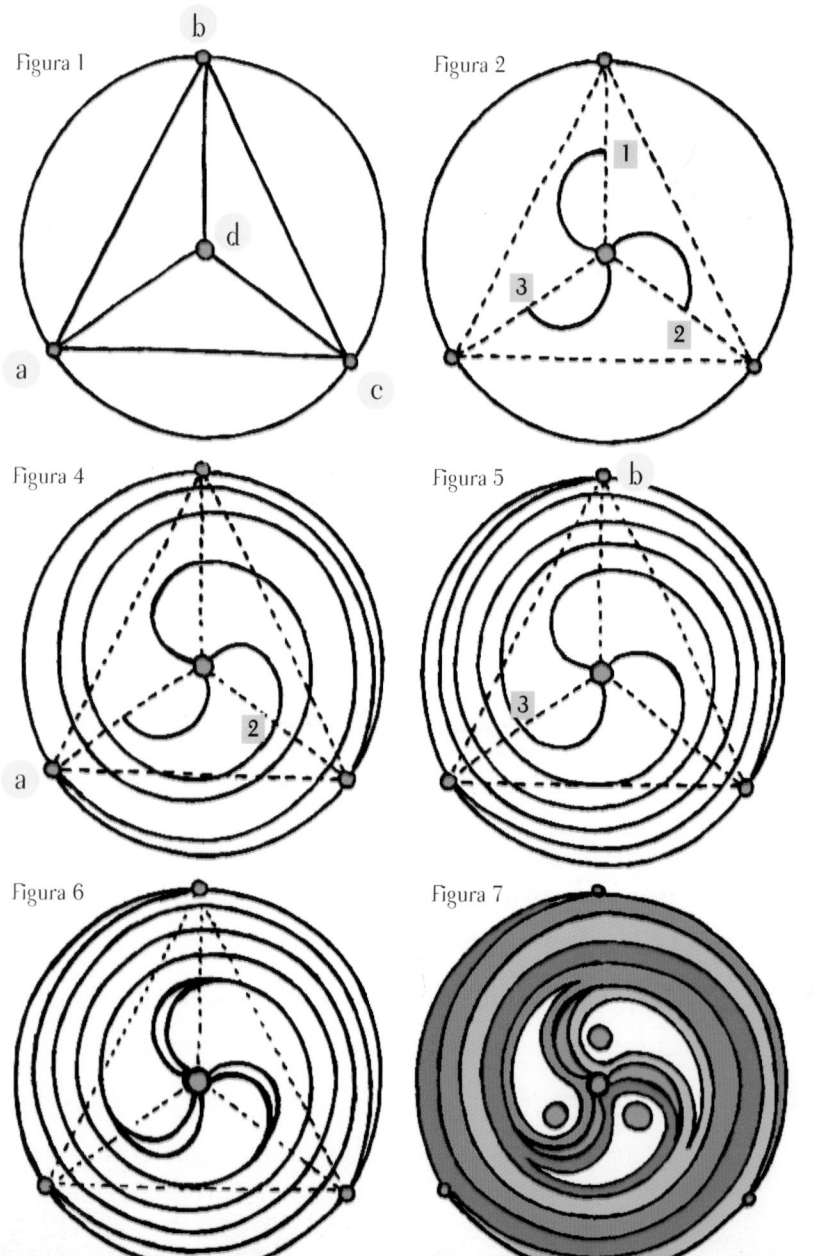

Figura 5: Desde el punto 3, dibuja nuevamente una espiral hasta el círculo "b". Ya tienes dibujadas las tres espirales dentro del círculo, ¡bien hecho!

Figura 6: Ahora, en cada semicírculo central agrega una línea curva adicional, como si fueran hojas.

Figura 7: Verás que en el centro quedan delineados tres espacios en forma de gota; siguiendo esta forma, dibuja una gota dentro de cada espacio, y coloca un círculo más a cada una.

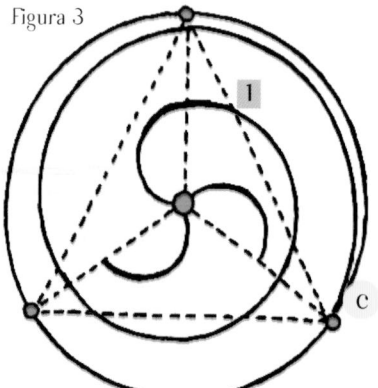

Método Medieval de Dibujo

Construcción de rostros de Personajes Mágicos a partir de formas geométricas

Así quedé luego de hacer todos los Ejercicios para Magos.

Como ya había anticipado en la Introducción, he rescatado unas técnicas muy antiguas de construcción de rostros y personajes a partir de formas geométricas, que hemos estudiado en las páginas anteriores.

¡Utilizarás todos los conocimientos y las importantes lecciones para dibujar círculos, triángulos, cuadrados y estrellas que has recibido hasta aquí!

Como te conté, esta es una técnica realmente muy antigua, que llamo Método Medieval de Dibujo, a partir del estudio de antiguos manuscritos medievales que describen formas didácticas de dibujo.

Método Medieval de Dibujo

Los antiguos sabios, gente estudiosa y muy artista, conocían esta forma de trabajo. Así ilustraron libros, construyeron hermosos edificios, decoraron muros y paredes, diseñaron todo tipo de cosas. Un poquito de estos conocimientos están ahora disponibles para que los apliques en tu desarrollo del dibujo de rostros de Personajes Mágicos. Espero que lo aproveches.

Para estos primeros ejercicios del Método Medieval de Dibujo, he seleccionado a varios personajes, muy populares dentro de los cuentos de fantasía, para dibujar sus rostros:

Una Bruja que crea problemas, un Mago con poderes mágicos, un extraño Troll (personaje de la fauna de los bosques encantados), un Rey Elfo, de un pueblo de elfos de las montañas y los bosques, y finalmente un Mago Alquimista, a quien le gusta estudiar y preparar fórmulas secretas. Hubo uno muy conocido, llamado Paracelso, que se dedicó a buscar la piedra filosofal y sabía de la vida en otros planetas. ¿Qué tal?

Comenzarás a practicar el dibujo de rostros a partir de las formas geométricas. Utilizarás círculos, triángulos, cuadrados y estrellas.

También tienes que estar atento a cómo encajan estas formas entre sí. El encaje es sumamente importante, porque si no lo haces bien, todo el dibujo quedará fuera de estructura, y saldrá deformado.

Debes tener paciencia para dibujar cada rostro según el Método Medieval. A pesar de estar basados en formas simples, requieren toda tu atención y detalle. Si te apuras demasiado, malograrás el resultado. Observa bien cada ejercicio hasta que lo comprendas, antes de lanzarte a esta aventura.

Cómo dibujar...
el rostro de una Bruja

Figura 1 - Comienza dibujando un círculo y un triángulo. Este último se apoya en la mitad del círculo en forma diagonal. En el centro del triángulo agrega el ojo.

Figura 2 - Dibuja una onda tomando como referencia la línea divisoria del círculo; será el ala del sombrero, y desde la parte superior del círculo, dibuja dos curvas que se unen para formar la copa de su puntiagudo sombrero.

Figura 1

Figura 2

Figura 3

Figura 4

Figura 5

Figura 2 y 3 - El ojo ya lo tienes, agrega la nariz ganchuda y la prominente mandíbula con el redondeado mentón. Sus cabellos ondulantes se mueven hacia atrás (¿estará volando en su escoba?)

Figura 4 y 5 -Finalmente, agrégale la retorcida boca con un diente y el cuello de su ropa. Si quieres darle más atmósfera, dibuja una luna creciente entre ondulantes nubes ¡y ya!

Cómo dibujar...
el rostro de un Mago

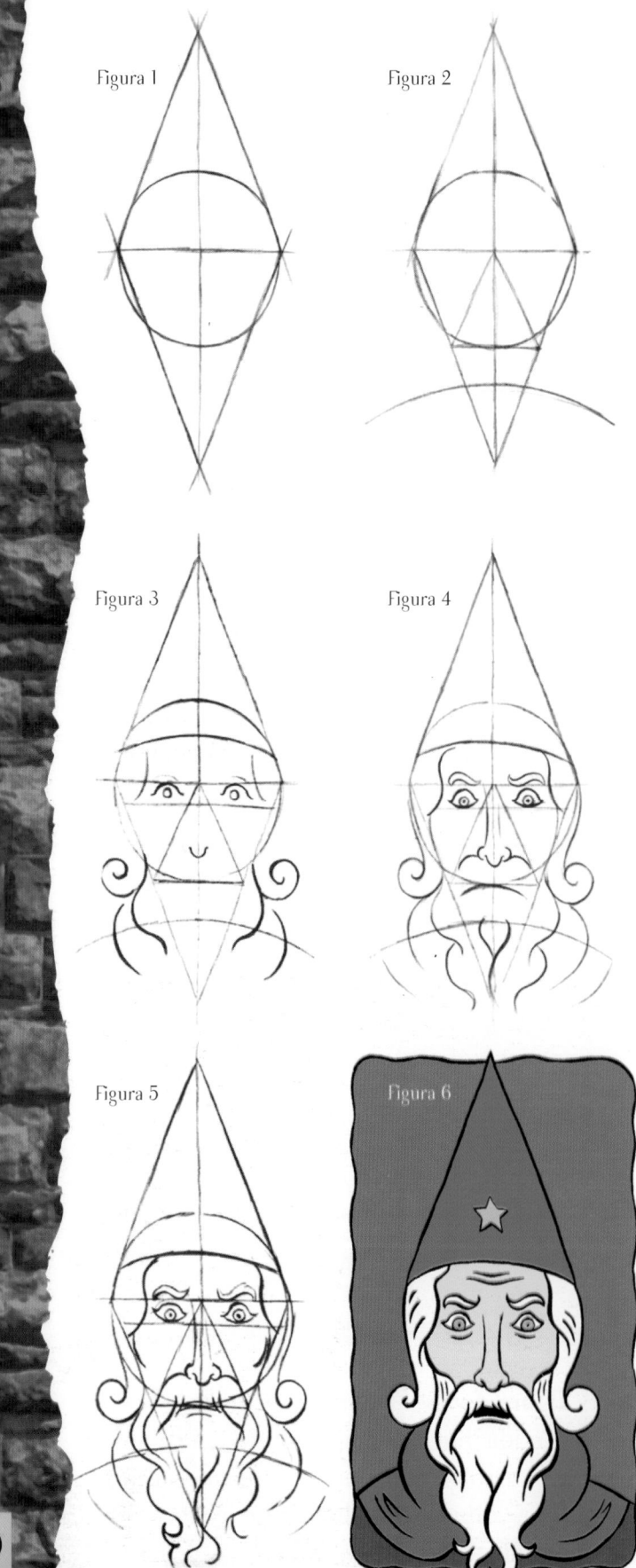

Figura 1

Figura 2

Figura 3

Figura 4

Figura 5

Figura 6

Figura 1 y 2

El primer paso es dibujar dos triángulos opuestos unidos en su base. Marca su eje central, y en el centro de la cruz dibuja un círculo del ancho de la base de los triángulos. En el triángulo inferior, tomando como guía el radio del círculo y la base de los triángulos, dibuja un triángulo menor. Cerca de la punta del triángulo inferior traza una línea curvada.

Figura 3 y 4

Dibuja los dos ojos calculando a simple vista que el espacio entre ellos debe tener la medida de un tercer ojo (invisible, claro). Traza sobre ellos las cejas. Luego, dibuja la punta de la nariz en el centro del triángulo más pequeño. Agrega espirales a los lados de la parte inferior del círculo para delinear la cabellera, luego dibuja la boca y los bigotes. Esboza con curvas la barba y la ropa de mago, también la base del sombrero.

Figuras 5 y 6

Finalmente, acentúa los rasgos de nariz, pómulos, bigotes, cejas, cabellos, barba, ropa y sombrero. También puedes incluir el ceño fruncido con simples líneas ondulantes. El interior de la boca lo oscurecemos para que dé la sensación de que está semiabierta. Sobre el cabello agrega líneas adicionales para darle cuerpo y sensación de mechones. ¡Abracadabra! ¡Apareció un mago!

Cómo dibujar...
el rostro de un Troll

Este extraño personaje es un troll salvaje (puedes conocer más sobre este ser en la sección **Galería de Personajes Mágicos**, al final del libro).

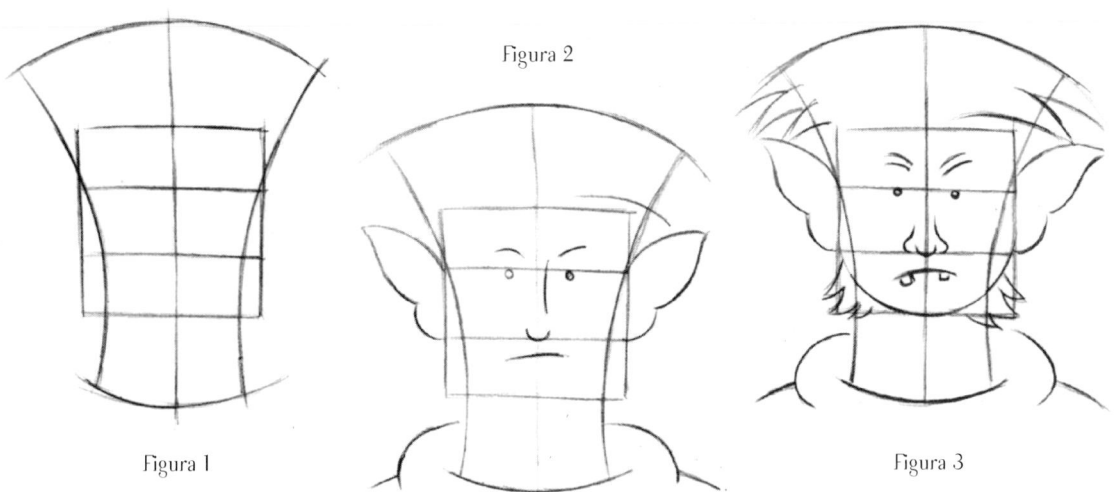

Figura 2

Figura 1

Figura 3

Figura 1
Lo dibujarás a partir de un cuadrado seccionado a la mitad verticalmente y en tres partes horizontalmente, la línea central se alarga hacia arriba y hacia abajo; arriba choca con un arco y dos curvas laterales que serán el enmarque de su despeinada cabellera.

Figura 2 y 3
Luego agrega las orejas, los ojos y la boca. Posteriormente, unas patillas salientes y sus dos dientes, también el cuello de su ropa.

Figura 4 y 5
Por último, definiremos su cara, el detalle de las orejas y los ojos.

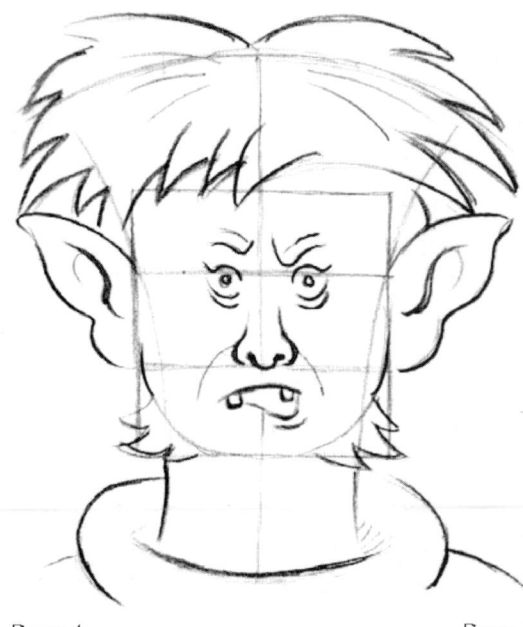

Figura 4

Figura 5

Cómo dibujar...
el rostro de un Rey Elfo

Figura 1

Dibuja un círculo y trázale una cruz justo en su centro. Luego dibuja otro círculo un poco más grande, tomando como referencia la línea horizontal de la mitad del primer círculo. A este segundo círculo también le trazas una cruz. Debe quedar un espacio entre el primer círculo y la línea horizontal del segundo círculo. A la mitad inferior del segundo círculo le agregas dos líneas que lo corten a su vez por la mitad.

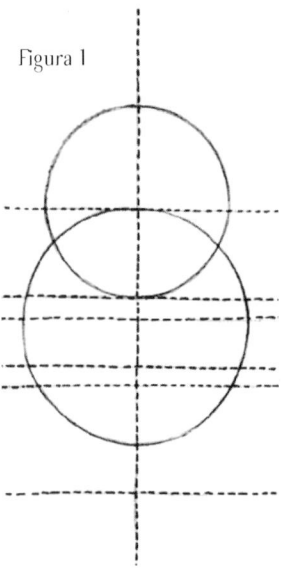

Figura 1

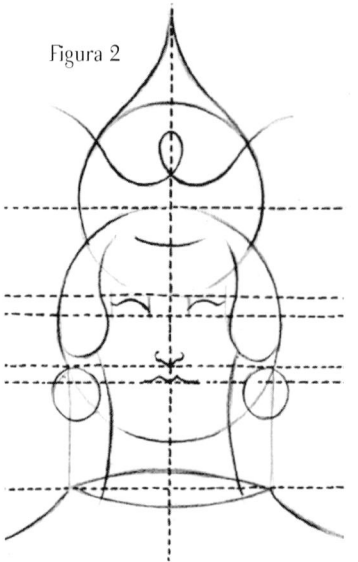

Figura 2

Figura 2

Debajo de esta línea cercana dibuja otra, y en su tercera parte inferior agrega otra también. Aquí colocaremos la boca. En la línea superior, los párpados de los misteriosos ojos del Rey Elfo. También dibuja la corona con dos curvas que forman la punta de la misma, que nacen del círculo menor.

Figura 3

Los círculos están divididos por un eje central que se alarga hacia arriba y hacia abajo, aquí se cruza con una línea horizontal que delimita su cuello y su ropaje. A los costados del cuello, a la altura de la boca, dibuja dos círculos pequeños.
Observa bien las proporciones de estas formas entre sí y los espacios que las relacionan. Luego le agregas el rulo central que enmarcará su corona élfica. Dibuja la mandíbula con una curva pronunciada.

Figura 3

Figura 4

Figura 4

Finalmente, dibuja la cara según el esquema, y termina la corona, la cabellera y el cuello con forma de pétalos. Puedes agregarle estrellas y, en su espalda, un par de alas de Hado élfico.

Cómo dibujar...
el rostro de un Mago Alquimista

Figura 1

Traza una línea recta vertical, sobre ella dibuja una estrella alargada como la Figura 1 lo indica. Uniendo las puntas de la estrella conformarás un pentágono.

Figura 2

Desde la base del pentágono, traza un rectángulo que abarque casi toda la estrella y descienda hasta debajo de la mitad del pentágono; luego dibuja la base del rectángulo, alargando la línea horizontal del mismo.

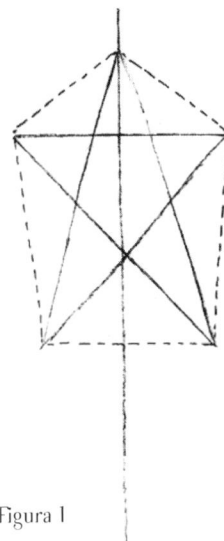

Figura 1

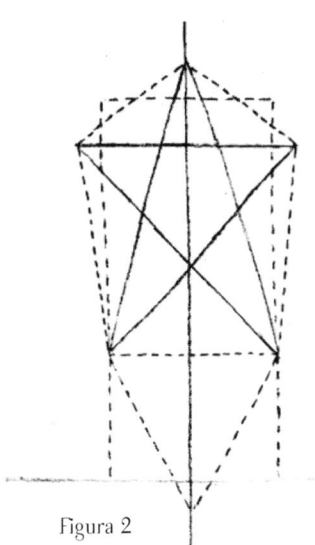

Figura 2

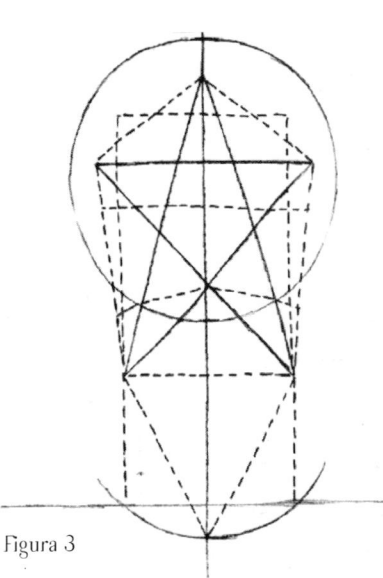

Figura 3

Figura 3

Ahora dibuja un círculo tal como la figura lo muestra tomando como referencia los puntos donde corta con el pentágono. Un poco más arriba de los brazos de la estrella agrega una línea horizontal, y desde la base del pentágono dibuja un triángulo con su punta hacia abajo (saliendo un poco de la base del rectángulo). Agrega también una línea curvada, que vaya desde el punto de unión de las piernas de la estrella hacia abajo y a los costados.

Figura 4

Lo que sigue es agregar un círculo pequeño central, sobre la estrella, y a ambos lados sobre la línea horizontal dibuja dos semicírculos que serán los ojos del personaje.

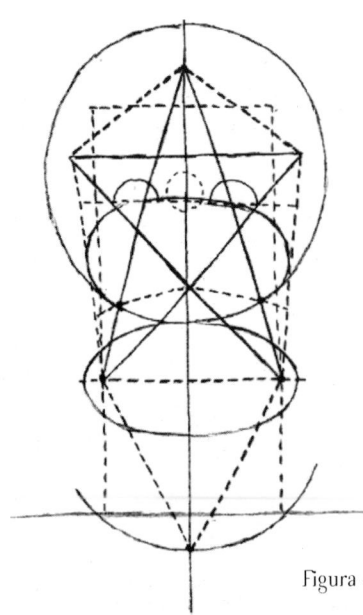

Figura 4

Figura 5

Extiende las líneas superiores del pentágono hacia afuera y hacia abajo, como ondulaciones. Incluye dos óvalos dentro del pentágono según la figura. Marca bien lo que será el límite entre el cuello y la ropa, con una semiesfera.

Figura 6

Ahora comienza a definir el rostro, agregando las pupilas, la nariz y la boca. También dibuja la punta de la barba según la imagen.

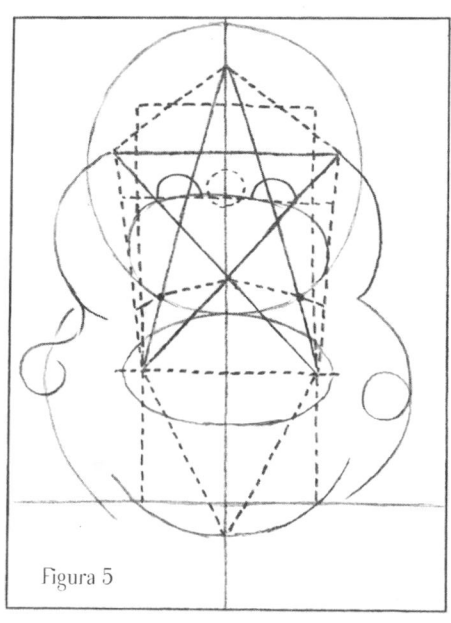

Figura 5

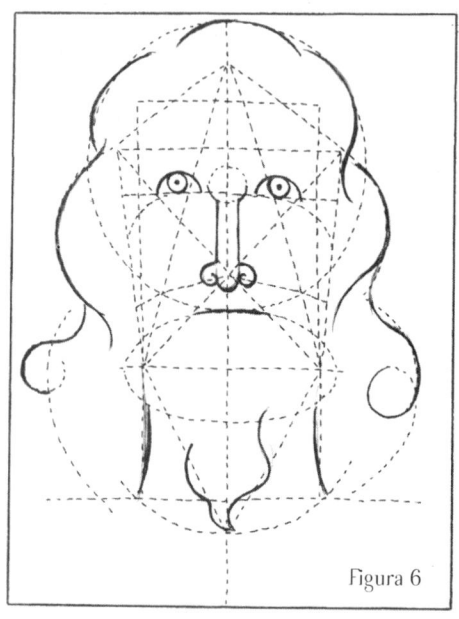

Figura 6

Figura 7

En este paso, dibuja la barba completa y la cabellera del mago, también el cuello de la ropa. Observa bien cómo las líneas están en relación con la estructura geométrica que dibujaste primero.

Figura 8

Finalmente, repasa bien las líneas y ¡aquí está el rostro!

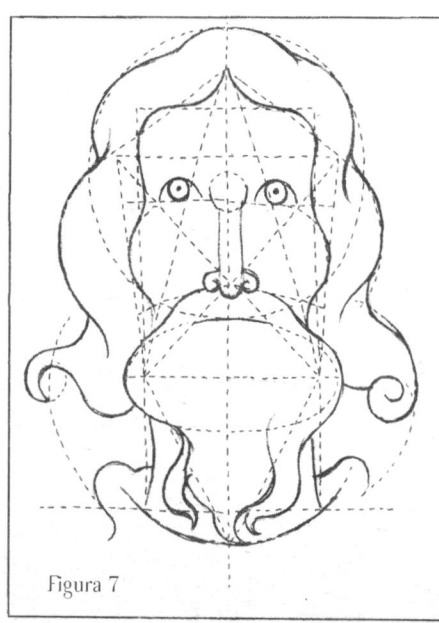

Figura 7

Figura 8

Las formas simples y el volumen

Ejemplos: Sombreros puntiagudos

Los dibujos de los personajes nacen a partir de formas circulares, de triángulos, cuadrados, rectángulos, y también líneas ondulantes, líneas rectas y horizontales. Estudia estos ejemplos y dibujos, y trata de percibir todas las formas como volúmenes sólidos. Estas formas tienen que realmente ser vistas con volumen.

Figura 1, 2 y 3

Un círculo es una esfera si se trata de la cabeza de un personaje o partes de su cuerpo. Estas son formas tridimensionales, es decir que ocupan un lugar en el espacio. Un triángulo será un cono en el caso de un sombrero de bruja, mago o hada (observa las figuras 1, 2 y 3).

Figura 4

A partir de los esquemas, vemos cómo puede aplicarse el triángulo en el dibujo de un temeroso duende junto a una malvada bruja. Ambos sombreros son conos, y sus rostros surgen de esferas.

Figura 1

Figura 2

Figura 3

Figura 4

Tu sombrero puntiagudo está muy bonito, Bruja, pero el resto, ¡ay! ¡Como para verte de noche!

Techos puntiagudos de un castillo

Los puntiagudos techos de las torres de un castillo son cónicos, como los que estamos viendo. Estos conceptos los utilizarás para dibujar escenarios que sirven para ambientar a nuestros seres mágicos.

Todas estas formas geométricas van encajando unas con otras y crean un conjunto armónico. Observa el detalle de esta segunda torre, cómo están ensambladas sus partes a partir de formas simples.

Como verás, la construcción de esta torre requiere del dibujo de un cono y un cilindro corto. Las ventanas están dibujadas siguiendo un curva acorde con toda la superficie de la misma, y el completo de la torre está apoyado sobre un cilindro central de menor grosor.

Lógicamente, este es un castillo un tanto complejo para empezar, pero bien puedes comenzar a practicar el dibujo de torres de diferentes alturas, grosores, con diferentes formas cilíndricas encajadas entre sí.

Cómo dibujar...
El rostro de un gnomo

Figura 1

Figura 2

Figura 3

Figura 4

Sigue el orden numérico de las figuras para dibujar paso a paso este simpático gnomo.

Figura 1
Aquí puedes ver claramente cómo un círculo actúa como esfera al colocarle líneas curvas sobre su superficie, esto da la sensación de superficie curva, como una pelota o un globo.

Figura 2 y 3
Al colocar los ojos, la nariz, la boca y otros elementos, como barba, gorro, etc., lo harás en relación a la superficie de esta esfera.

Figura 4
Finalmente, puedes definir los rasgos en relación al volumen de la esfera.

Observa esta mágica estampa llena de personajes de un bosque encantado. La construcción de todas las cabezas de estos personajes fue realizada a partir de círculos y esferas. Pon atención a la página siguiente, donde te mostraré cómo fueron dibujadas.

Ejemplos de construcción de rostros de Personajes Mágicos a partir de formas redondeadas:

Pícaro duende

Gnomo
sorprendido

Gigante poderoso

Enano bondadoso

Hada alegre

Observa detenidamente estos ejemplos para comprender cómo fueron realizados a partir de formas circulares y la forma esférica.

Posiciones de la cabeza

Observa detenidamente estos dibujos realizados en el estilo de caricaturas clásico, que sirven muy bien para ilustrarte cómo el círculo funciona como una esfera, como una pelota, que a medida que su eje y su plano central se mueven, brinda la posibilidad de realizar varias expresiones para estos personajes.

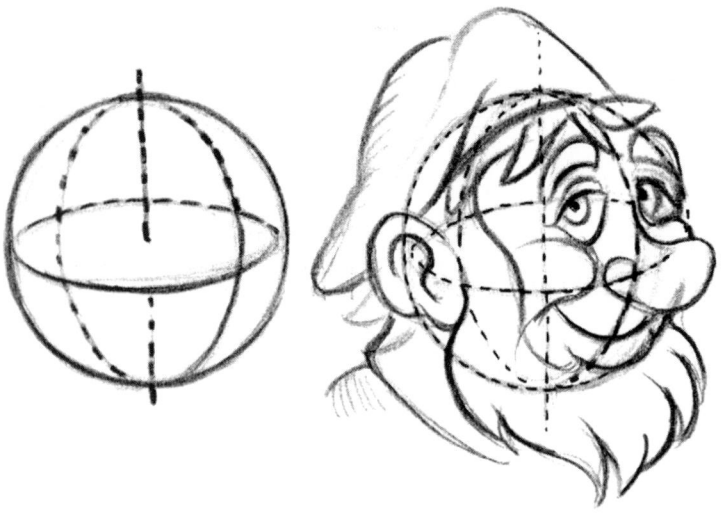

Cabeza de un enano
El eje está casi vertical, una posición estable. Da al rostro del enano una expresión apacible y amigable.

Cabeza de un ogro
El eje hacia atrás da la expresión de sorpresa; en este caso, el de un personaje corpulento que mira hacia abajo por su gran altura.

Cabeza de una bruja
El eje está hacia adelante, la expresión de esta bruja con el mentón cerca de su cuello, medio escondida, indica sigilo y que está meditando sus planes malignos.

Cómo dibujar...
El rostro de un pequeño elfo

Figura 1

De la misma manera que dibujaste el gnomo de la página anterior, dibuja ahora este pequeño elfo del bosque. También debes observar con atención cómo un círculo actúa como esfera al colocarle líneas curvas sobre su superficie, esto da la sensación de superficie curvada, como una pelota o un globo.

Este es un dibujo un tanto más complejo que el del gnomo, así que deberás esforzarte para realizarlo.

Figura 2

Al colocar los ojos, la nariz, la boca y otros elementos, como el cabello, lo harás en relación a la superficie de esta esfera.

Figura 3 y 4

Define con claridad los rasgos en relación al volumen.

Observa que las diferentes partes del rostro del personaje encajan entre sí mediante puntos de ensamble. Estos ejemplos demuestran la efectividad de combinar formas circulares y redondeadas. Así, las diferentes partes del rostro del personaje, como el cuello y las orejas, encajan con la cabeza.

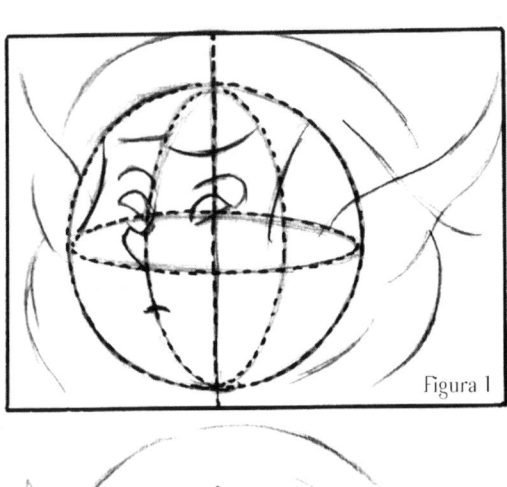

Figura 1

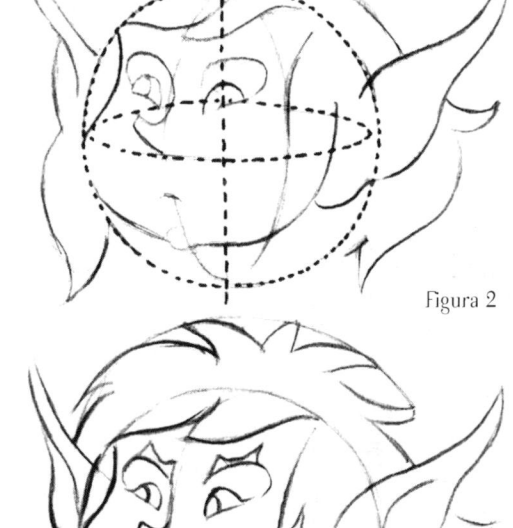

Figura 2

Figura 3

¡Importante! Estudia y practica varias veces hasta quedar conforme con los resultados obtenidos, reproduciendo los dibujos incluidos como ejemplos, antes de lanzarte a tus propias creaciones.

Figura 4

Cómo dibujar...
El rostro de un duende

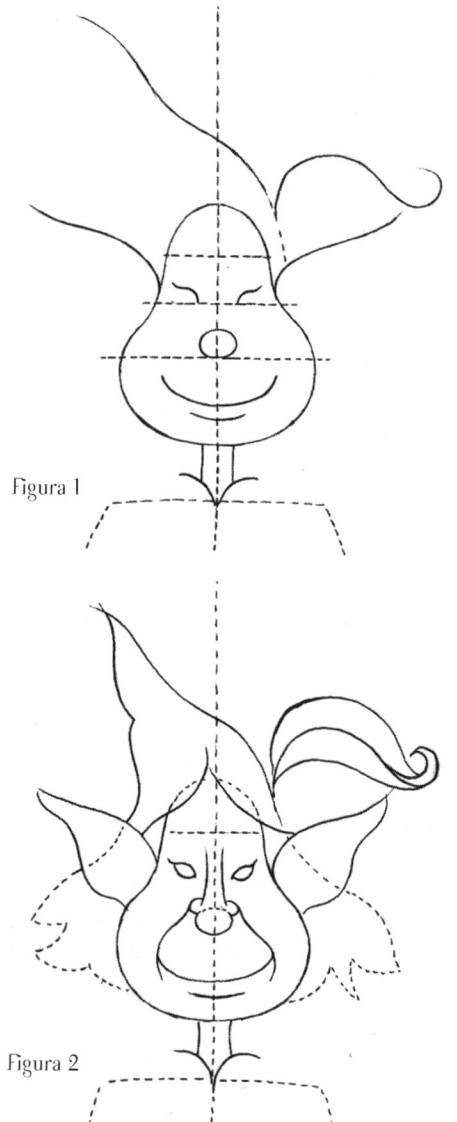

Figura 1

Figura 2

Figura 3

Ahora practicaremos la construcción de una cabeza a partir de la forma de pera y de formas redondeadas, dándole más riqueza al conjunto.

Figura 1 y 2
Repasa el ejercicio de simetrías: traza un eje vertical y dibuja la forma de pera. Según las divisiones marcadas, dibuja las curvas de los ojos, un pequeño óvalo horizontal para la nariz y la boca con otra línea curva. Dibuja el cuello y los hombros. Extiende líneas ondulantes a ambos lados de la forma de pera para dibujar las largas orejas. Luego, alarga otra línea ondulante hacia arriba a la izquierda para el sombrero, y otra hacia la derecha como una suave espiral para la pluma del mismo.

Figura 3 y 4
A partir de las líneas que dibujaste, completa el rostro de este simpático personaje nocturno.

Figura 4

Segunda Parte

Construcción de Personajes Mágicos

Dibujar seres y personajes mágicos es una experiencia maravillosa. No se trata tan sólo de dibujar una figura, sino de darle a cada personaje una personalidad, fisonomía y gestos propios.

Debes tener en cuenta estas consideraciones si realmente quieres que tus creaciones resulten con vida propia. Por ejemplo, existe una serie de prototipos de carácter, que van desde el más inocente, tierno y adorable, pasando por el travieso hasta el más malvado.

Ogro Malvado

Unicornio Inocente

Duende Travieso

Hada Tierna

Capítulo 4

El esqueleto

Lo primero que debemos hacer, antes de construir un personaje, es darle una buena estructura y armazón, a la que llamaremos "el esqueleto", pero... ¡no pretendas que te salga perfecto la primera vez! Deberás practicar y probar con distintas líneas, desechar algunas y dibujar varios bocetos para, al final, elegir el mejor.

La simetría

Aquí tienes un modelo de esqueleto humano. Es muy importante conservar la simetría en la estructura del esqueleto, si no, la figura saldrá deforme. A partir de un rectángulo (puedes hacerlo de 9 cm de ancho y 24 cm de alto) dividido en ocho porciones (de 3 cm cada una por el ancho de 9 cm) y con su línea central como eje (a 4,5 cm de los lados verticales del rectángulo), practica paso a paso la construcción de esta figura masculina.

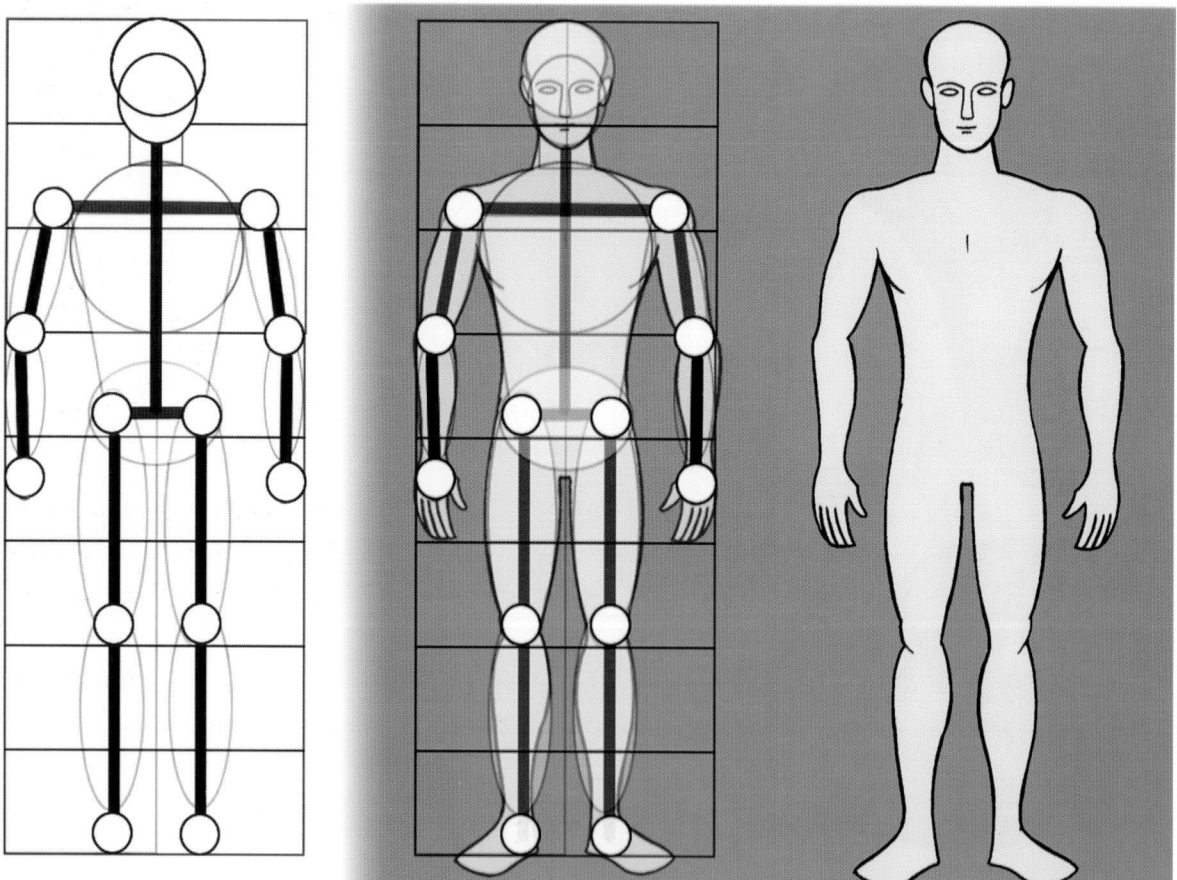

Observa cómo están ubicados los círculos y líneas que conforman el esqueleto. Desde allí partirás para dibujar los trazos siguientes.

A partir de la figura final, puedes agregarle ropa, cabello, calzado, y todo lo que imaginés. Puedes vestirlo de mago, puedes estirarle las orejas para que parezca un elfo, o agrandar un poco la cabeza, las manos y los pies, para que se vea como duende, u otro personaje. Este es un modelo de figura estilizado, que sirve para comenzar a dibujar cuerpos de personajes. Diviértete vistiendo y caracterizando el modelo. Aquí tienes algunos ejemplos realizados y coloreados.

Mago   Elfo   Duende

Como puedes observar, he conservado la silueta básica, para acompañar los pliegues de la ropa, el cabello y demás detalles. En el caso del duende, su tamaño es menor, similar a un niño; he mantenido las proporciones de la figura pero he modificado el tamaño de su cabeza, manos y pies.

Estos ejercicios te darán práctica en el dibujo de la figura, para darle a los cuerpos de los personajes proporciones adecuadas, aunque sean estilizados o caricaturas.

Modelos articulados de madera

Existen modelos articulados de madera que puedes conseguir en cualquier librería artística, como el que ves ilustrado al comienzo de este capítulo. Puede ser de gran ayuda a la hora de dibujar diferentes posiciones de los personajes.

Ahora vayamos a la figura femenina. Como puedes observar, con respecto a la masculina, ha habido cambios necesarios para que adquiera la suavidad y contextura correspondiente. Sus brazos se han acercado al torso y son más delgados, las manos son un poco más pequeñas, el cuello es de menor grosor, sus piernas se han juntado más, y sus pantorrillas son más delgadas; el torso se ha achicado, se han incluido los senos, y las caderas aumentaron.

La figura femenina puede ser un poco más baja que la masculina, pero no es una regla que siempre se cumple, quizás una guerrera élfica sea más corpulenta y alta que un pequeño mago desgarbado. ¡Ja!

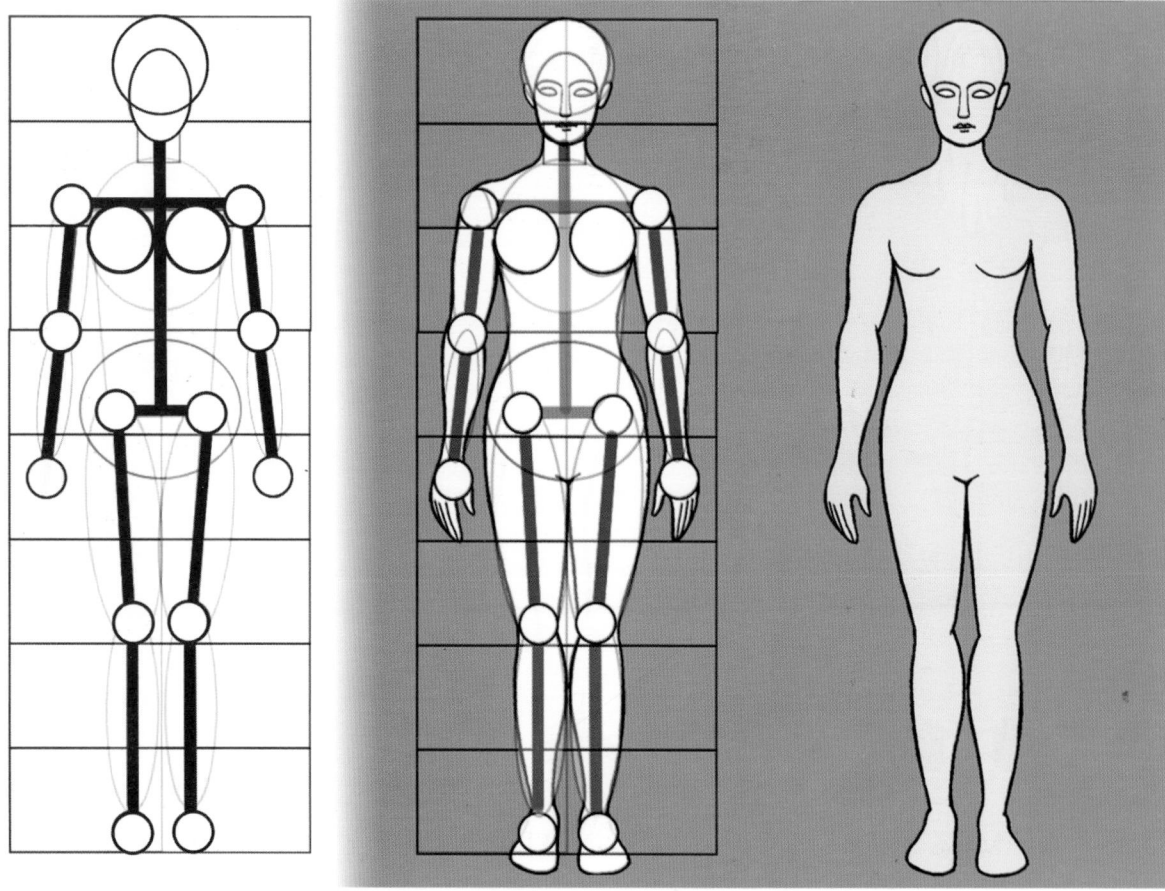

Como expliqué al comienzo de este capítulo, es muy importante conservar la simetría en la estructura del esqueleto, si no la figura saldrá deforme. A partir de un rectángulo (puedes hacerlo de 9 cm de ancho y 24 cm de alto) dividido en ocho porciones (de 3 cm cada una por el ancho de 9 cm) y con su línea central como eje (a 4,5 cm de los lados verticales del rectángulo), practica paso a paso la construcción de esta figura femenina.

A partir de la figura final, puedes agregar todo el vestuario y los detalles que desees. Puedes vestirla de princesa, estirarle las orejas para que parezca un elfo, agrandar un poco la cabeza, las manos y los pies, para que se vea como un hada u otro personaje. Como ya mencionamos, éste es un modelo estilizado de figura que sirve para comenzar a dibujar cuerpos de personajes. Diviértete vistiendo y caracterizando a la modelo. Aquí tienes algunos ejemplos:

Princesa   Elfa   Hada

Como puedes observar, estas simpáticas figuras femeninas han surgido de la silueta modelo básica. En el caso del hada pequeña, que es de menor estatura, similar a una niña, he mantenido las proporciones de la figura, pero he modificado el grosor de los brazos y piernas, como así del torso, para darle un cuerpo más menudo y liviano, característico de las hadas.

El tamaño real de las hadas es muchísimo menor, como de la palma de la mano de la princesa; por eso, para que la puedas ver bien, aumenté su tamaño, al igual que el duende del ejemplo anterior.

Como ya habrás comprendido, el dibujo del esqueleto es de fundamental importancia para la construcción de un personaje; sin él, no tendremos referencias de su cuerpo y las proporciones.

Practica construyendo esqueletos diversos, como los que te he explicado, para poder continuar abordando este maravilloso viaje de aprendizaje al mundo de los Personajes Mágicos.

Esqueleto de una Princesa élfica

Aquí puedes ver el esqueleto de este personaje élfico, que tiene un poco más de ocho cabezas de alto. Observa su estructura y las proporciones de las diferentes partes del cuerpo, según las líneas de referencia horizontales.

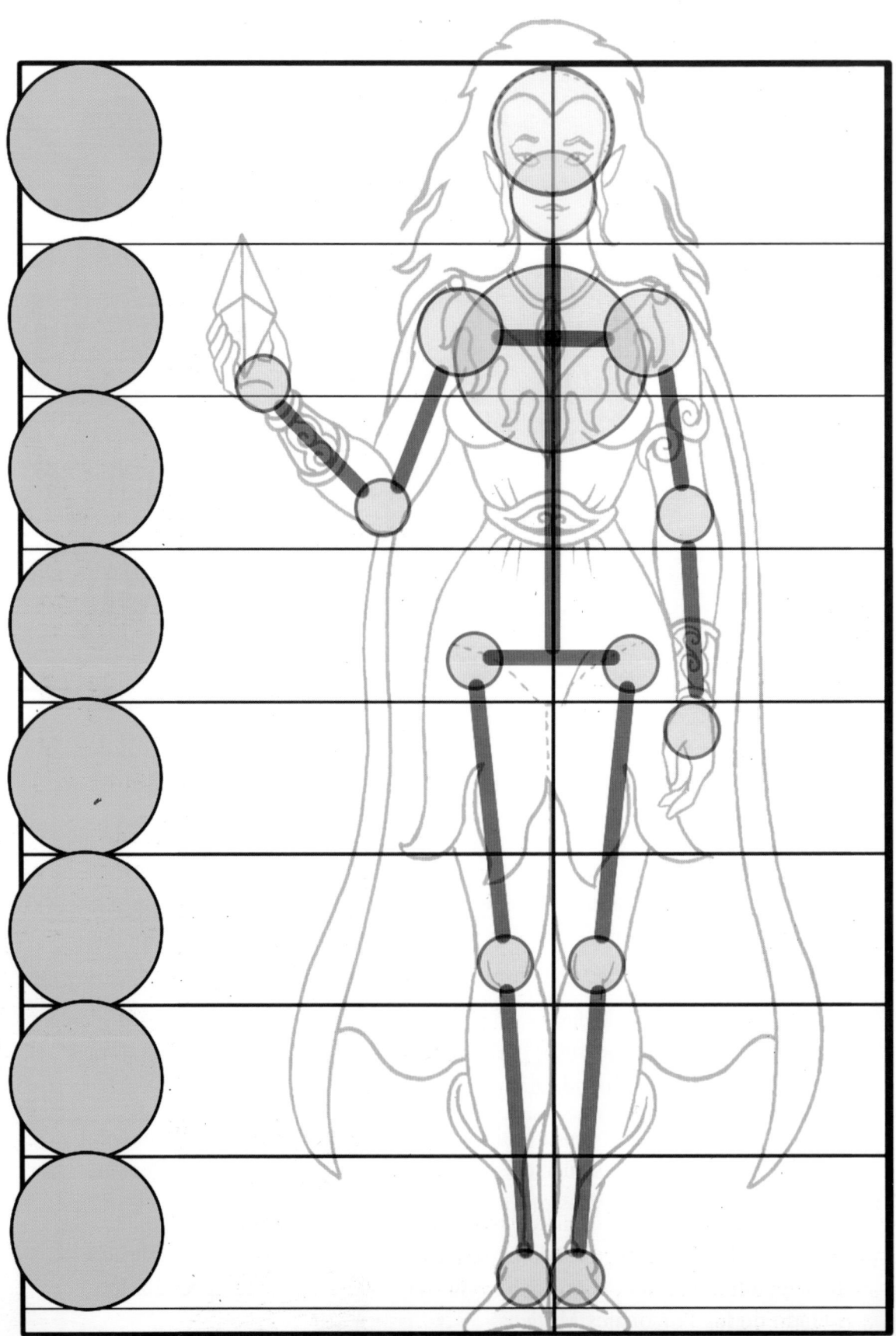

Dibujo de frente de una Princesa élfica

La Princesa élfica ya está dibujada. Puedes ver en líneas de puntos las partes del cuerpo que oculta la ropa para observar el encaje de sus partes y la proporción.

También estudia cómo las diferentes partes del ropaje, como ser botas, cinturón, túnica, capa y demás, se acomodan y crean pliegues sobre la figura armónicamente.

Esqueleto de un Elfo Mago Guerrero

Aquí puedes ver el esqueleto de este personaje élfico que tiene un poco más de ocho cabezas de alto. Observa su estructura y las proporciones de las diferentes partes del cuerpo según las líneas de referencia horizontales.

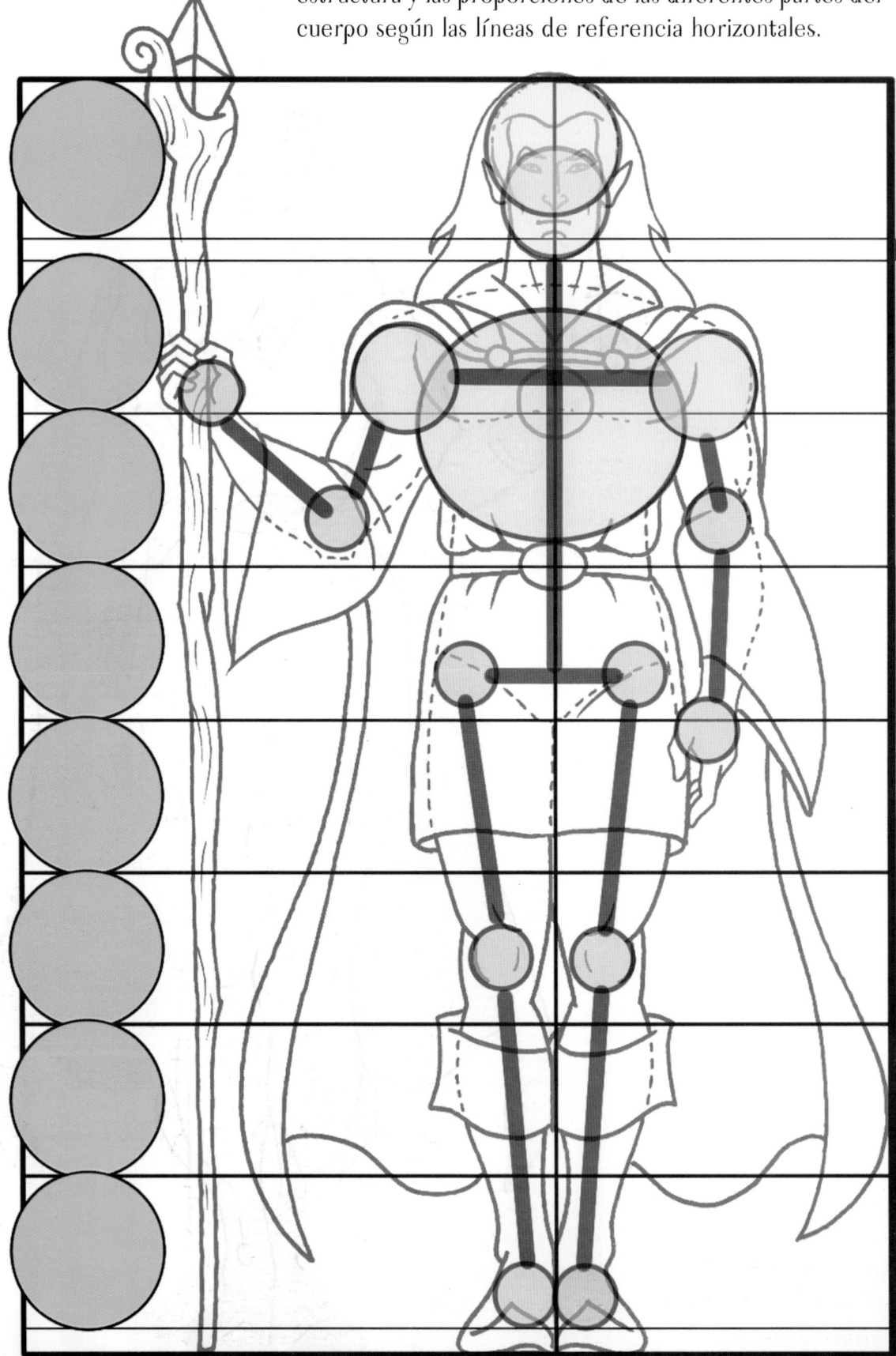

Dibujo de frente del Elfo Mago Guerrero

El personaje élfico ya está dibujado. En líneas de puntos he señalado las partes del cuerpo que oculta la ropa, para observar el encaje de sus partes y la proporción.

Observa cómo las diferentes partes del vestuario crean líneas y dan volumen a la figura, acomodándose armoniosamente.

Dibujo de perfil del Elfo Mago Guerrero

Aquí estamos viendo a nuestro personaje en posición de perfil. Mantiene las ocho cabezas de altura; los rasgos y el ropaje son los mismos. Se han mantenido todas las proporciones del modelo de frente para que conserve sus características.
Observa nuevamente las proporciones entre las diferentes partes de su figura y ropaje.

El dibujo de la figura terminada debe coincidir con el esqueleto en todas sus posiciones. Esto es muy importante si quieres de verdad que tus dibujos estén proporcionados y conserven los rasgos distintivos a la hora de darle diferentes movimientos a un personaje.

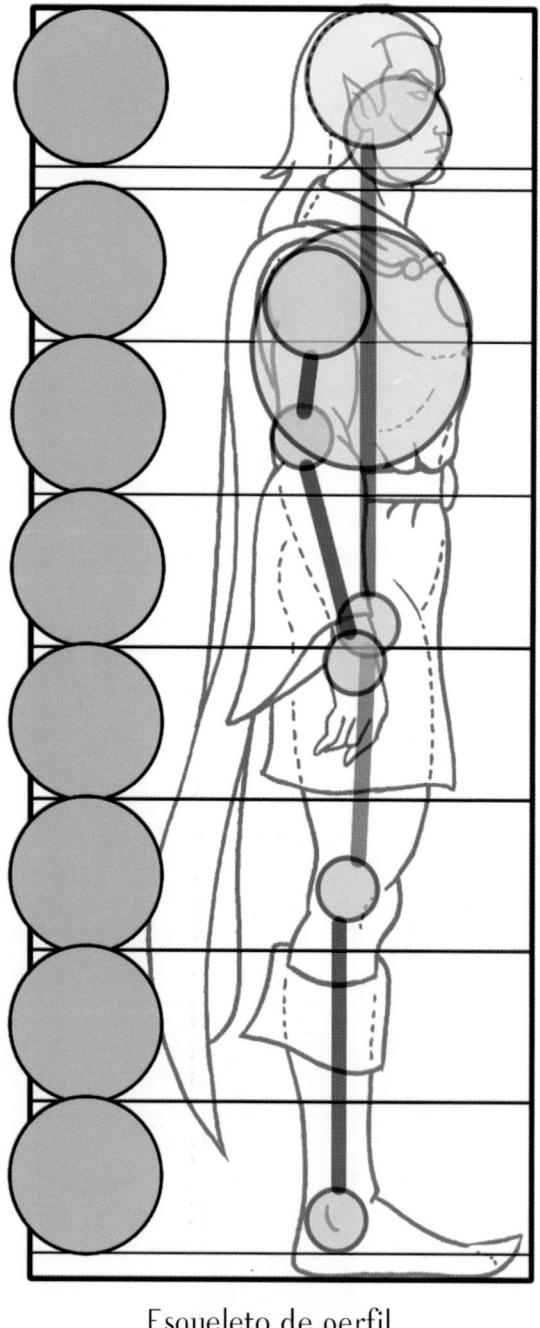

Esqueleto de perfil   Dibujo Final

Dibujo de perfil de una Princesa élfica

Aquí estamos viendo la figura femenina de la Princesa élfica en posición de perfil. Igual que en la figura masculina, tiene ocho cabezas de altura, los rasgos y el ropaje son los mismos. Se han mantenido todas las proporciones del modelo de frente para que conserve sus características. Observa atentamente las proporciones entre las diferentes partes de su figura y su ropaje.

Para dibujar la figura de perfil a partir de un modelo de frente, tienes que imaginar la rotación de todo el cuerpo, como si estuviera apoyado sobre un círculo giratorio. El eje central de la figura junto a la marcación del número de cabezas permite que mantengas la altura correcta. Luego, comenzando con la cabeza construyes el esqueleto de perfil, midiendo el largo del torso, brazos y piernas. Finalmente, ajustas las medidas de manos, pies, nariz, orejas, cabello, busto, y la ropa.

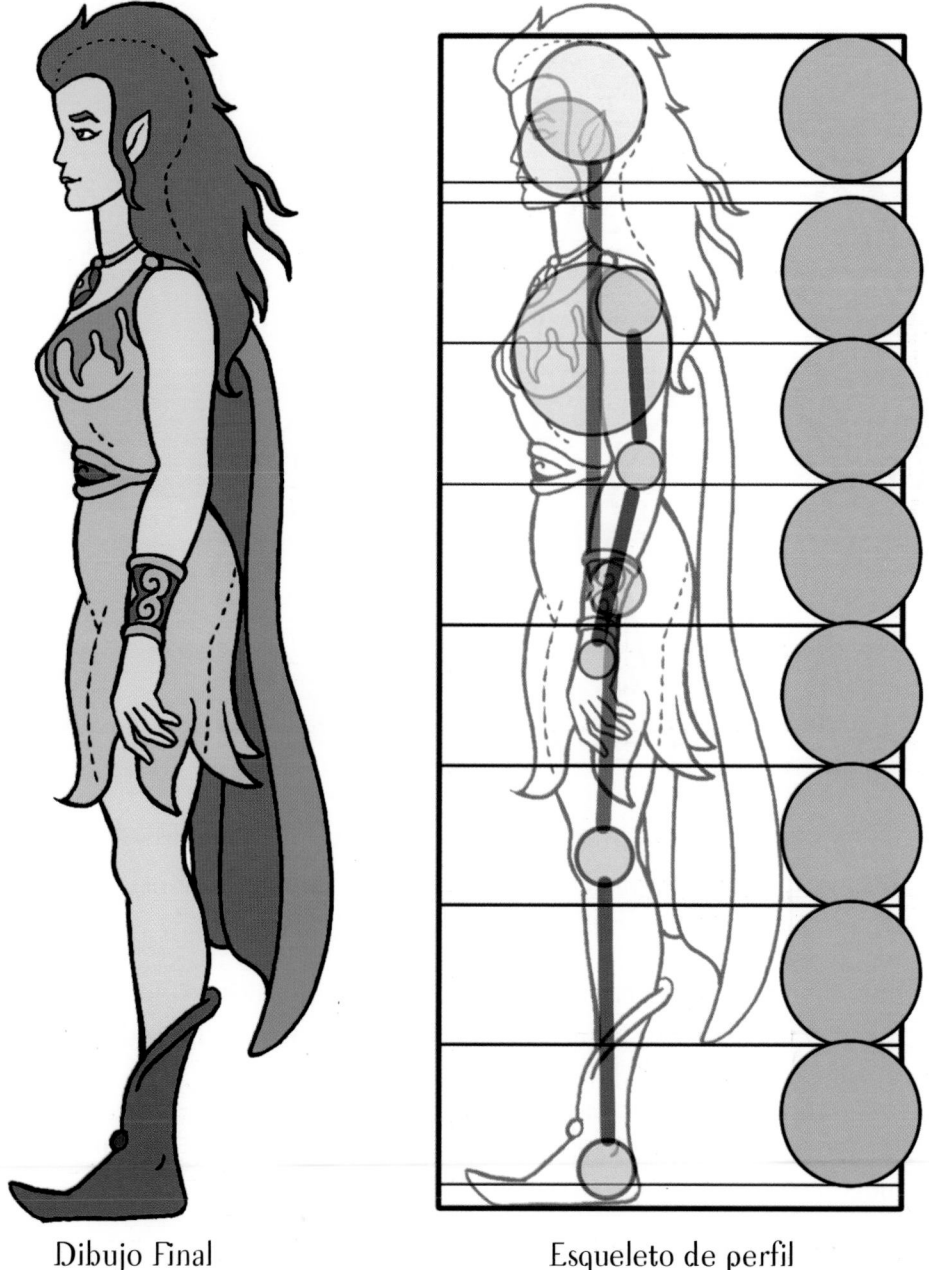

Dibujo Final   Esqueleto de perfil

Continuemos, entonces, con más esqueletos...

Aquí vemos a este viejo leprechaun (duende irlandés) posando para nosotros, para que podamos ver su estructura invisible, ¡el esqueleto mismo!

Este personaje tiene una proporción de seis cabezas y media de altura. Su aspecto es desgarbado, liviano y flaco (por favor, no te ofendas, Duende, por estos comentarios, son técnicos).

Observa muy bien cómo está construido. A partir de círculos y líneas que se unen entre sí, se da forma a una imagen simple que servirá de soporte cuando dibujemos sobre ella las líneas finales y los detalles del personaje.

Dibuja el esqueleto de este personaje, definiendo los volúmenes corporales que le dan forma, y luego construye los detalles sobre estos volúmenes.

A continuación, practica los ejercicios de las próximas páginas para ir incorporando estas nuevas ideas sobre el dibujo de personajes...

Dibuja un unicornio a partir de su esqueleto

El esqueleto de un unicornio es similar al de un caballo, o un potrillo, también tiene algo de cabra y de ciervo. Por ello es un animal mágico. A diferencia de los esqueletos humanos o humanoides, estos cuadrúpedos tienen varias articulaciones en las patas que se unen a la columna, por ello sus movimientos son diferentes a los humanos. Realiza este ejercicio según estas indicaciones.

1. Observa muy bien la estructura del esqueleto de este lindo unicornio. Luego, dibújalo tantas veces como sea necesario para lograr las proporciones y espacios adecuados.

2. Luego completa suavemente las líneas de la silueta, tal como se ve en el primer dibujo en líneas suaves y punteadas, con las que se remarcan las principales formas del animal.

3. Finalmente dibújalo con mayor presición hasta lograr el dibujo final del unicornio. Esto requiere de observación, tiempo, paciencia para lograrlo. Si no te sale la primera, inténtalo varias veces hasta que quedes conforme con el resultado.

Dibuja un pegaso a partir de su esqueleto

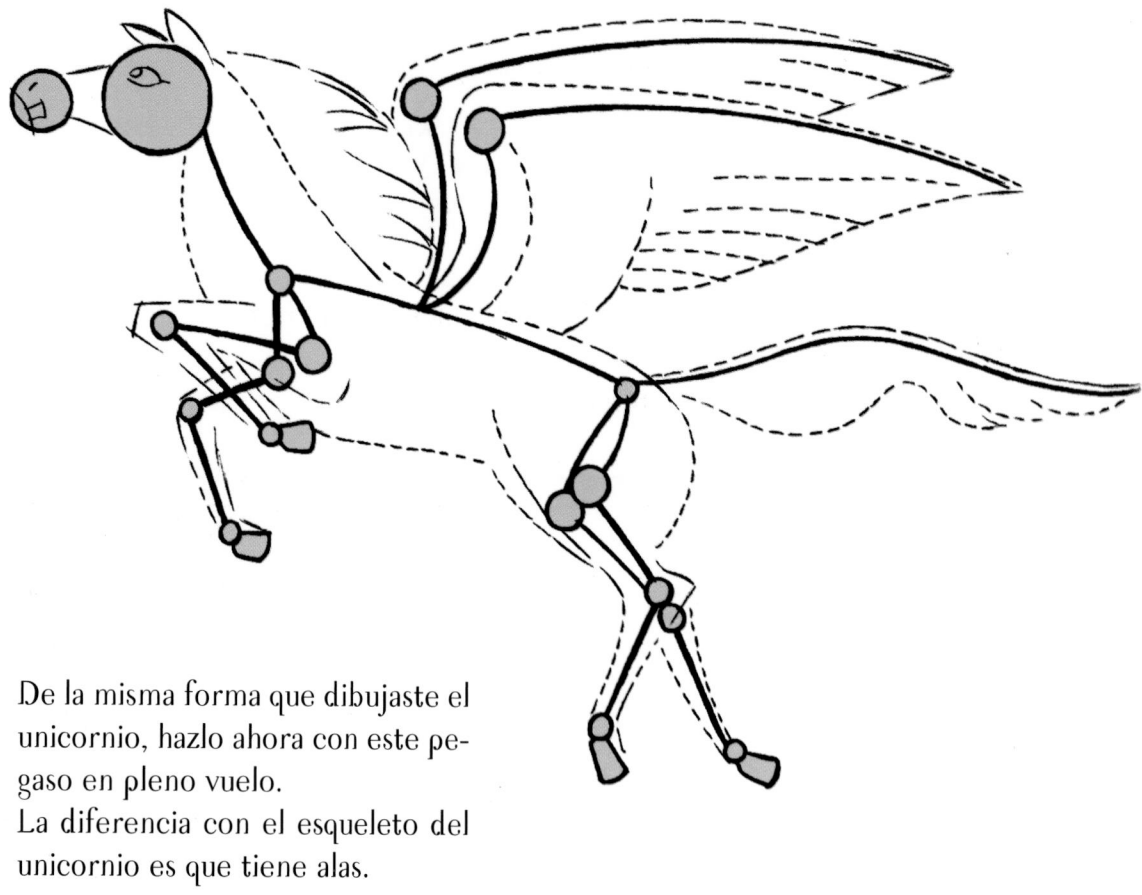

De la misma forma que dibujaste el unicornio, hazlo ahora con este pegaso en pleno vuelo.
La diferencia con el esqueleto del unicornio es que tiene alas.

Ellas tienen un punto de pliegue que está marcado con un círculo coloreado, así como los puntos de articulación y la cabeza.

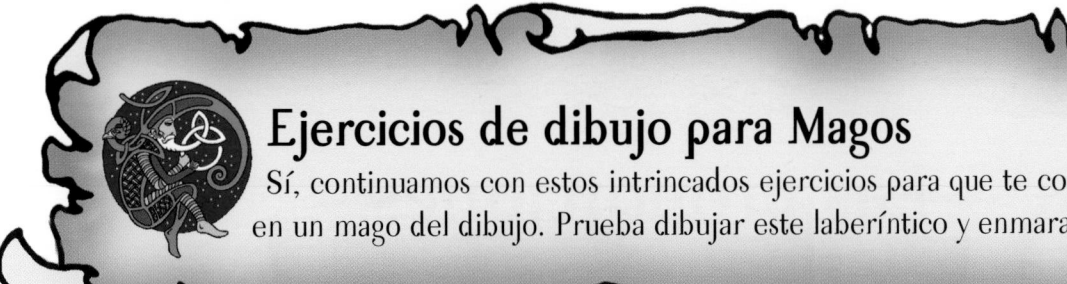

Ejercicios de dibujo para Magos

Sí, continuamos con estos intrincados ejercicios para que te conviertas en un mago del dibujo. Prueba dibujar este laberíntico y enmarañado...

Duende celta

Figura 1

Dibuja un rectángulo de 11 cm de alto y 7 cm de ancho (o uno de mayor tamaño, proporcional a estas medidas). Traza sus diagonales y una cruz central. Luego dibuja las líneas curvas que se ven en la figura, teniendo en cuenta las diagonales y los puntos de referencia.

Figura 2

Define ambas piernas. Luego, dibuja la cara, los pies y la mano.

Figura 3

Ahora comienza el laberinto. El gorro de este duende celta es muy largo, tanto que se enrosca por todas partes en su curvada postura de circo.

Intenta dibujar este gorro prestando atención por dónde pasa, sea por delante o por detrás de los nudos y partes del cuerpo. He marcado con líneas de mayor grosor estos "pasajes" para ayudarte, como así también he coloreado todo el gorro para que no te resulte tan confuso.

Figura 4

¡Aquí lo tienes, un auténtico duende celta, que he rescatado de bellos diseños originales que ilustraron antiguos mágicos libros! Es divertido, ¿no?

Figura 1

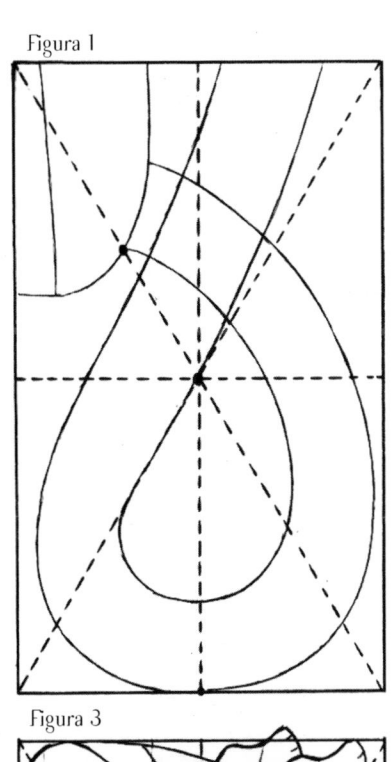

Figura 2

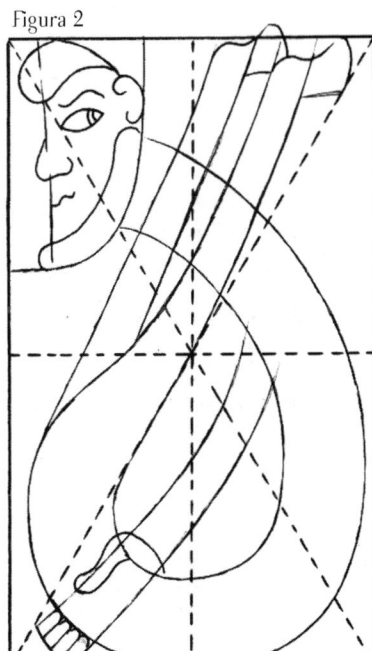

Figura 3

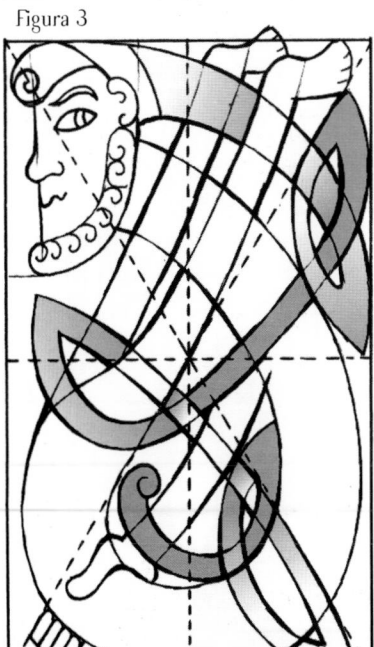

Figura 4

Capítulo 5

Las proporciones

La proporción en los cuerpos es uno de los factores más importantes a la hora de construir un personaje mágico. Debes tener en cuenta las dimensiones relativas de las diferentes partes del cuerpo, ya que la proporción entre éstas varía en función del tipo de personaje.

Frecuentemente, se utiliza una forma para calcular la proporción del cuerpo de un personaje, que consiste en utilizar la cabeza del mismo como punto de referencia.

Por ejemplo, los personajes rudos y agresivos suelen tener una cabeza más pequeña, el pecho y el tronco voluminoso, brazos y piernas robustos y, por lo general, facciones como la mandíbula y la barbilla bastante prominentes.

Los personajes femeninos en general tienen rasgos más suaves, y son de menor estatura en relación a la figura masculina; también su cabeza es levemente más grande en relación al cuerpo. Observa esta pareja de elfos que he elegido como ejemplo para que compares sus proporciones individuales.

La figura masculina mide ocho cabezas de alto; en cambio, la femenina tiene siete, una cabeza menos, pero en su proporción mantiene las ocho cabezas.

Así, un simpático duende puede tener una estructura equivalente a tres cabezas, mientras que un gigante con mal humor sobrepasará al primero en unas cuantas cabezas más.

Este sistema permite al dibujante conservar homogeneidad en las proporciones y la dimensión de un personaje en relación a otros y a los elementos del escenario. Mide la estatura de estos personajes en función del número de "cabezas" que lo componen.

¡Atención! En la utilización correcta de las proporciones reside el resultado exitoso del dibujo de un personaje. Asegúrate de que sus partes corporales guarden armonía física en las proporciones al momento de dibujarlas.

Dibuja este pequeño duende

Ahora dibuja un pequeño duende, un personaje que, como mucho, mide tres cabezas y un cuarto. Practica el esqueleto y sus proporciones.

Proporción de la cabeza

Para abordar el tema de las proporciones, tenemos que incluir nuevamente el tema de la cabeza. En este caso, cabezas diferentes con proporciones diferentes. Para comenzar, veamos este esquema donde encontramos una secuencia de tres posiciones de una cabeza tipo.

A partir de un círculo, como explicamos en el Capítulo 3, podemos dibujar una cabeza; pero, al ser una cabeza realista debemos poner atención a las proporciones del dibujo de la mandíbula, la ubicación de la nariz, los ojos, las orejas. Dibuja estos esquemas y ¡aprende las proporciones de la cabeza!

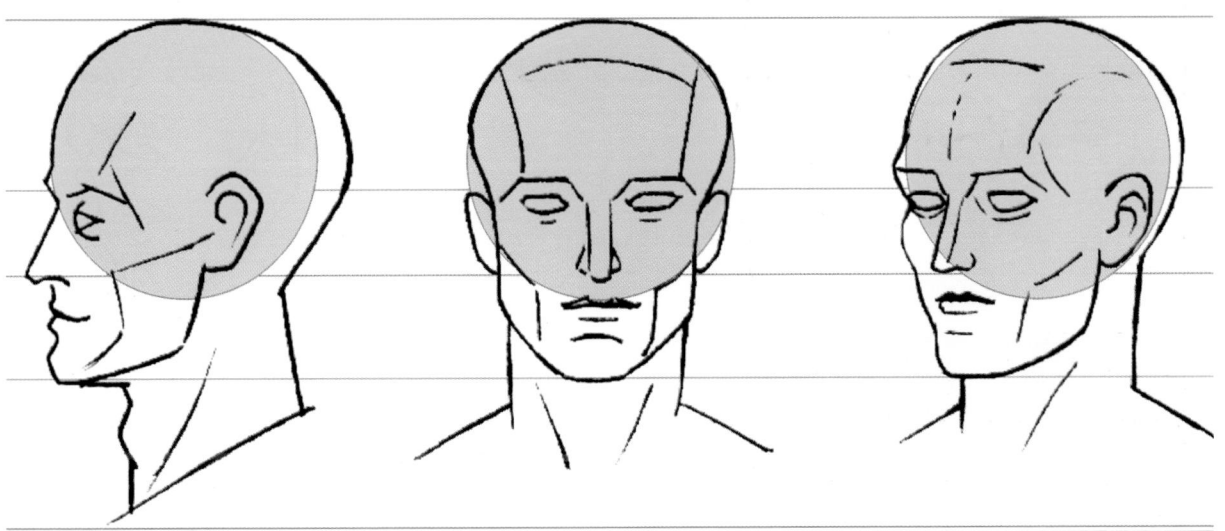

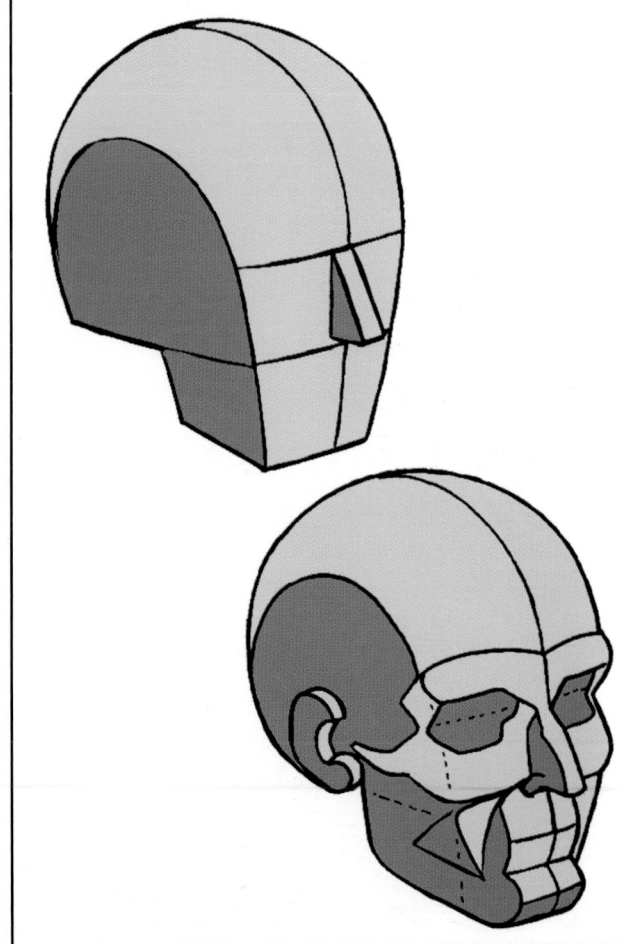

Estos esquemas son muy útiles a la hora de comprender la estructura y las proporciones de la cabeza. ¡Practícalas!

Además de esta cabeza tipo, sabemos que no todas las cabezas son iguales, las personas y los personajes son diferentes entre sí. Altos, bajos, corpulentos o delgados, sean como fueran, las cabezas muestran sus diferencias y acentúan los rasgos distintivos del temperamento del personaje. Por eso, he incluido una serie de cabezas muy diferentes, tanto en su estructura, como proporciones, y rasgos.

¡Estudia y dibuja los esquemas que te permitirán desarrollar la habilidad del dibujo de cabezas de personajes mágicos!

Dibuja esta elegante bruja

Dibuja este anciano duende

Dibuja este misterioso mago

Dibuja esta joven doncella élfica

Dibuja este enano de las montañas

Dibuja esta Princesa élfica

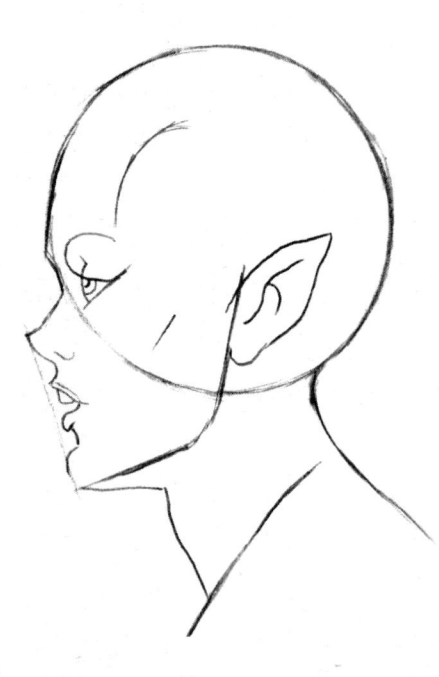

Dibuja esta linda hada

Dibuja este duende del bosque

Tipos de cuerpos

Como hay diferentes tipos de cabezas, éstas se acomodan en tipos de cuerpos diferentes, cuerpos que además tienen variantes en sus proporciones.

Los sabios antiguos consideraban cuatro tipos de temperamentos que determinaban una influencia en la forma del cuerpo. Estos eran: melancólicos, flemáticos, coléricos y sanguíneos. Aquí presento cuatro tipos de cuerpos con su respectivo temperamento.

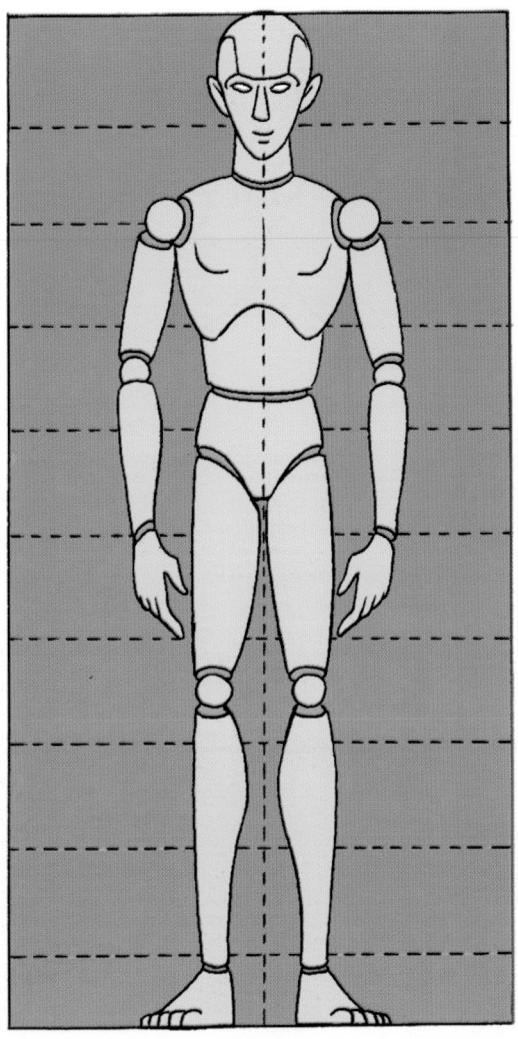

Tipo melancólico

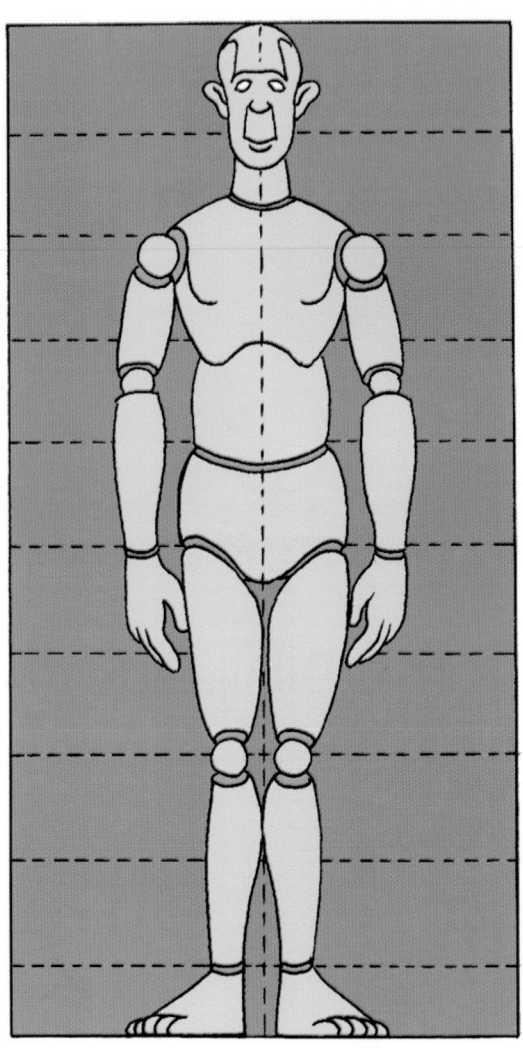

Tipo flemático

Son delgados, de brazos y piernas largas, tronco corto, cabeza con frente amplia, orejas y nariz finas. Manos y pies finos y no muy grandes y fibrosos. Sus movimientos son cortantes y rápidos pero pueden estar inmóviles por mucho tiempo, como las liebres.

Actividad principal: los pensamientos. Son filósofos, sabios, inventores. Son nerviosos y críticos.

Son de peso mediano, pero pueden ser obesos o muy delgados.

El tronco es largo, y la nariz, las orejas, las manos y los pies son grandes. Las formas generales del cuerpo son blandas y aperadas (forma de pera). Se mueve lentamente.

Actividad principal: las sensaciones (les gusta la buena comida y el confort), son inteligentes y elegantes.

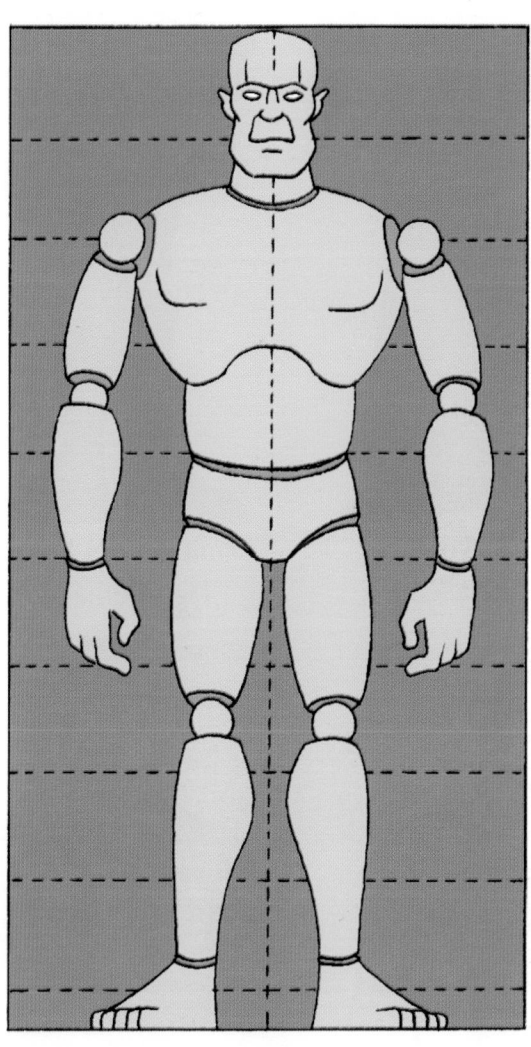

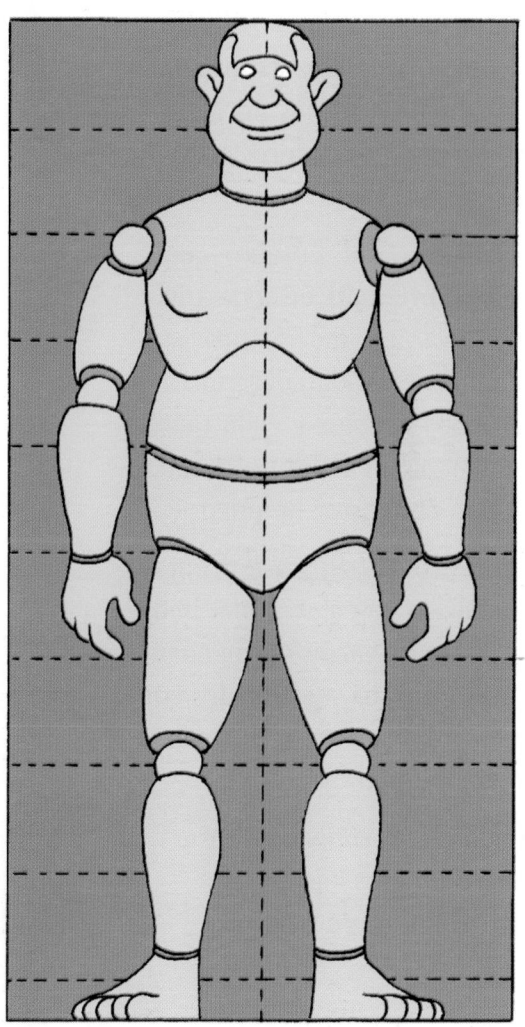

| Tipo colérico | Tipo sanguíneo |

Son robustos y musculosos, de brazos y piernas largas y fuertes, tronco con espalda ancha, cabeza con mandíbula grande, orejas y nariz angulosas. Las formas corporales son angulosas, con las manos y pies grandes. Son movedizos y de gran fuerza física.

Actividad principal: el movimiento. Les gustan los deportes y la destreza corporal. Les gusta pelear y ser héroes.

Son robustos y de gran peso, pero los hay más delgados.
Su tronco es ancho y la nariz, las orejas, las manos y los pies son grandes. Las formas generales del cuerpo son redondeadas y macizas. Son ágiles en sus movimientos.

Actividad principal: las emociones. Les gusta reír y llorar. Tienen gran sentido del humor. Son amables y bonachones.

Continuemos con nuestro tema de los tipos de cuerpos. En esta página puedes ver cuatro ejemplos de personajes mágicos en base a los esquemas de la página anterior, que bien podrían ser protagonistas de un cuento de hadas o una aventura de castillos y dragones. Ellos son:

Un mago, con su largo atuendo que acompaña su larga y espigada figura. Él piensa en sus encantamientos y mágicos poderes próximos a utilizar.

Un ermitaño del bosque, que, como buen flemático, no se olvida de llevar un morral provisto de alimentos. Anda solitario entre grandes árboles y cada tanto encuentra algún viajero a caballo con quien conversar un poco.

Un guerrero, listo para enfrentar una batalla o rescatar a una bella doncella de las garras de un horrible ogro. Se ha entrenado con prácticas gimnásticas y de lucha todo este tiempo.

Finalmente, un simpático navegante de mares lejanos, lleno de historias de marinos para contar y divertir en alguna cantina de un pueblito olvidado. Seguramente ha sido cautivado por una bella sirena en sus travesías.

Así, de este modo, comenzando con un esquema, surge el personaje y la historia correspondiente.

Construir personajes mágicos es como darle vida a un actor que protagonizará una escena en el teatro del encantamiento.

Mago
Tipo melancólico

Ermitaño del bosque
Tipo flemático

Guerrero - Tipo colérico

Navegante - Tipo sanguíneo

Método Medieval de Dibujo

Construcción de figuras de Personajes Mágicos a partir de formas geométricas

Estimado amigo, he aquí otra serie de ejercicios de nuestro particular Método Medieval. En este caso, comenzaremos a construir figuras completas de Personajes Mágicos.

Antiguos ejercicios que permiten dibujar cuerpos en diferentes posturas de simpáticos seres de leyenda.

Seguramente ya habrás practicado lo suficiente para abordar estas nuevas lecciones, ¡verás que tienen un toque de magia!

La mayoría de los cuerpos se construye a partir del dibujo de una estrella mágica, luego es cosa de poner atención para realizarlos. ¡Que los disfrutes!

Cómo dibujar un...
Rey de las Hadas

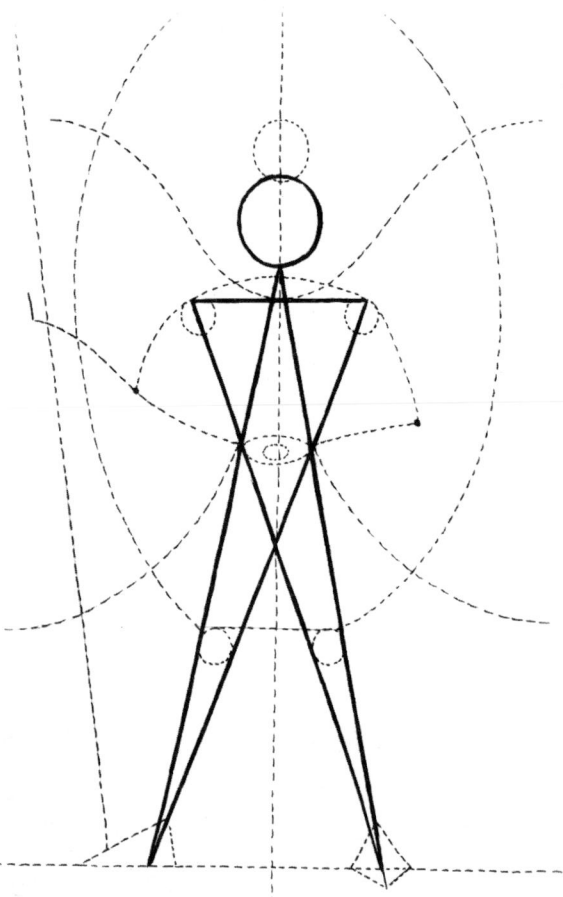

Para construir este Rey de las Hadas, primero debes dibujar el eje central del dibujo, luego una estrella tal como se ve en la primer figura; luego le pondrás una línea horizontal como base, y sobre la punta superior de la estrella harás dos círculos. Uno mayor y otro de menor tamaño. Agrega las líneas curvas y las líneas ondulantes que aparecen en línea de puntos.

Según el esquema de la Figura 1, verás que con atención puedes dibujar la figura básica de este personaje, cabeza, cuerpo, ropa y alas. El esquema te ayuda a no perderte para ir trazando las líneas que le dan forma.

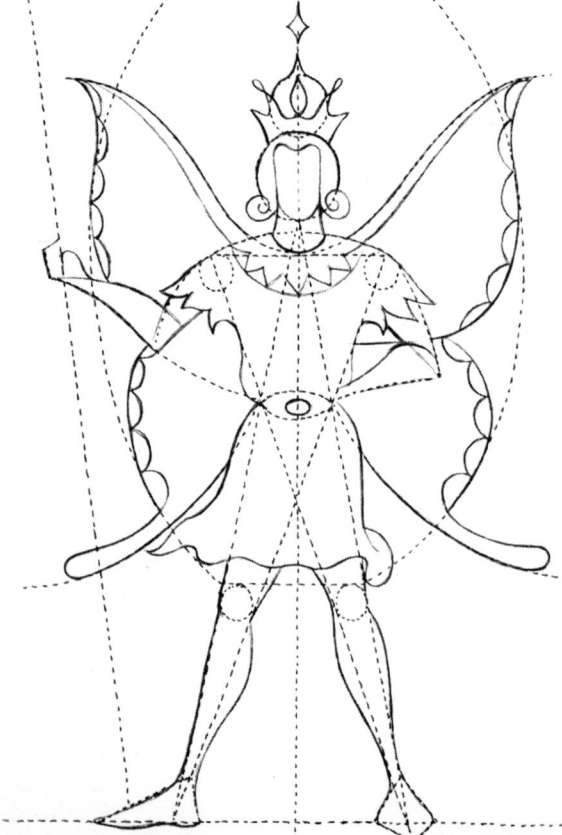

Luego defines la cara y el cetro; fíjate cómo fue realizada la punta floral del mismo. Finalmente, agrega los detalles faltantes.

Ahora ves cómo ha quedado luego de pasarlo con tinta china, con pincel, y al colorearlo en la computadora.

Cómo dibujar un...
Duende Leprechaun

A partir de una estrella, un triángulo y líneas rectas y curvas comenzarás a dibujar este leprechaun, pequeño duende irlandés.

Figura 1

Figura 2

Figura 3

Figura 1
Dibuja una estrella como ves en la figura, luego con una línea ondulante conéctala con el pequeño triángulo superior. A partir de aquí, traza las líneas de los brazos, la pierna derecha, el bastón. Completa los pies como formas triangulares y, con una línea curva, el abdomen del personaje.

Figura 2
Con la estructura que acabas de dibujar, completa las líneas más importantes del sombrero, la pluma, el rostro, la barba, el saco, el cinturón, los pantalones y los zapatos.

Figura 3
Aquí tienes la figura terminada y coloreada como modelo de los detalles finales que agregarás para terminarlo.

Cómo dibujar un...

Hada

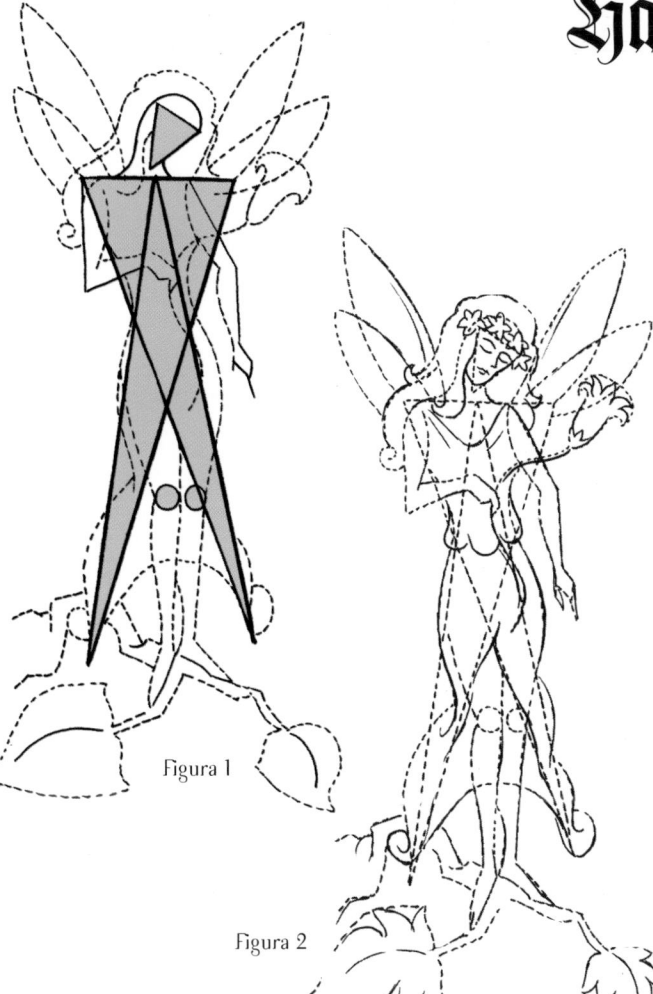

Figura 1

Figura 2

A partir de una estrella, un triángulo, líneas rectas y curvas del mismo modo que lo hiciste con el leprechaun, comenzarás a dibujar esta lánguida hada de silueta afinada.

Figura 3

Figura 1

Dibuja una estrella como ves en la figura, luego únela con una línea ondulante al pequeño triángulo superior. Luego traza las líneas de los brazos, las piernas, el cabello, las alas y el vestido. Completa los pies apoyados en la rama de un árbol.

Figura 2

Con la estructura que acabas de dibujar, completa las líneas más importantes del cabello, las hojas del tocado, la flor en la mano, el rostro, el vestido ondulante, las hojas y la rama del árbol.

Figura 3

Aquí tienes la figura del hada terminada y coloreada como modelo de los detalles finales que agregarás para terminarlo.

Cómo dibujar un...
Gnomo trabajador

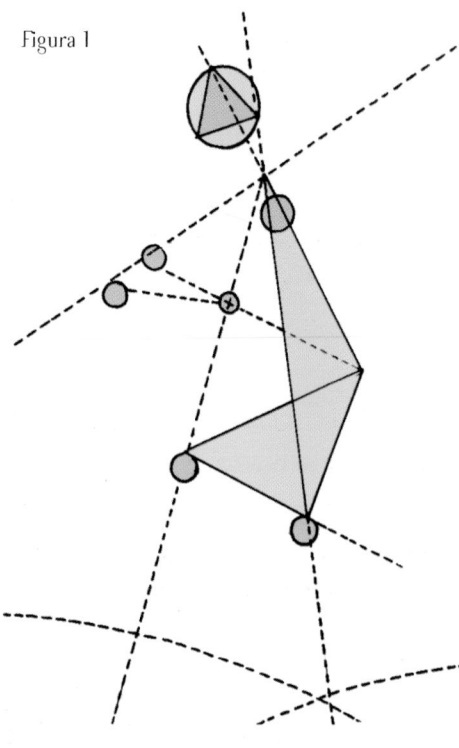

Figura 1

Figura 1

Dibuja este esquema a partir de triángulos, como ves en la figura. Luego agrega las líneas siguiendo los puntos de intersección entre las mismas y los triángulos. Incluye los círculos pequeños que marcan la cabeza, los hombros, los codos, las manos y las rodillas hasta completar toda la estructura.

Figura 2

Con la estructura que acabas de dibujar, completa las líneas más importantes del sombrero, barba, nariz, ojo, rostro, la ropa y las botas. También la rama con hojas y frutos que lleva en el hombro.

Figura 3

Aquí tienes la figura del gnomo terminada y coloreada como modelo de los detalles finales que agregarás para terminarlo.

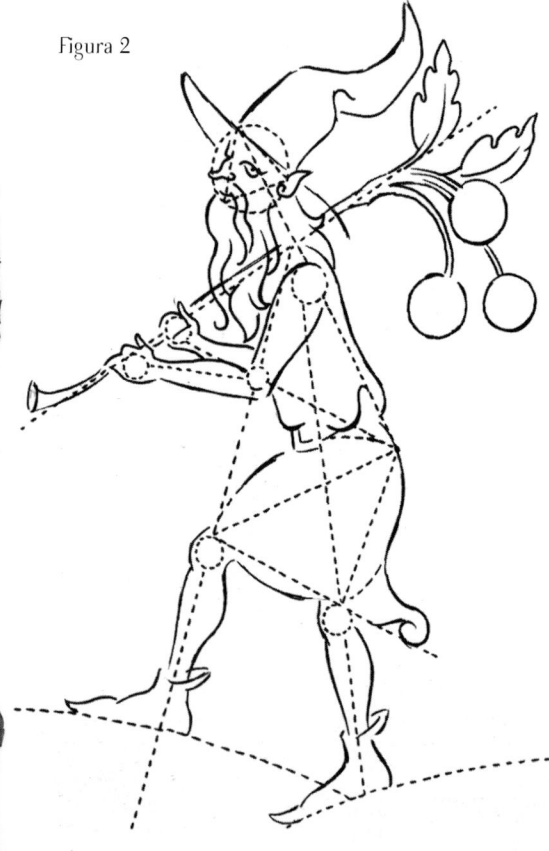

Figura 2

Figura 3

Cómo dibujar un...
Gnomo fumando pipa

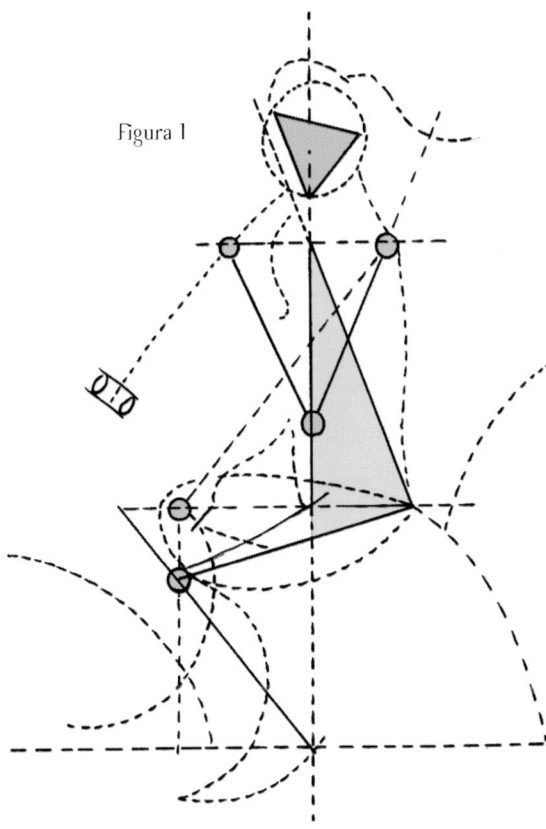

Figura 1

Figura 1

Dibuja este esquema a partir de triángulos como ves en la figura, de la misma forma que lo hiciste con el anterior gnomo. Luego agrega las líneas siguiendo los puntos de intersección entre las mismas y los triángulos. Incluye los círculos pequeños que marcan la cabeza, los hombros, codos, manos y rodillas hasta completar toda la estructura.

Figura 2

Con la estructura que acabas de dibujar, completa las líneas más importantes del sombrero, barba, nariz, ojo, rostro, la ropa y las botas. También la pipa y las hojas que aparecen por detrás de la roca donde está sentado.

Figura 3

Aquí tienes la figura del gnomo terminada y coloreada como modelo de los detalles finales que agregarás para terminarlo.

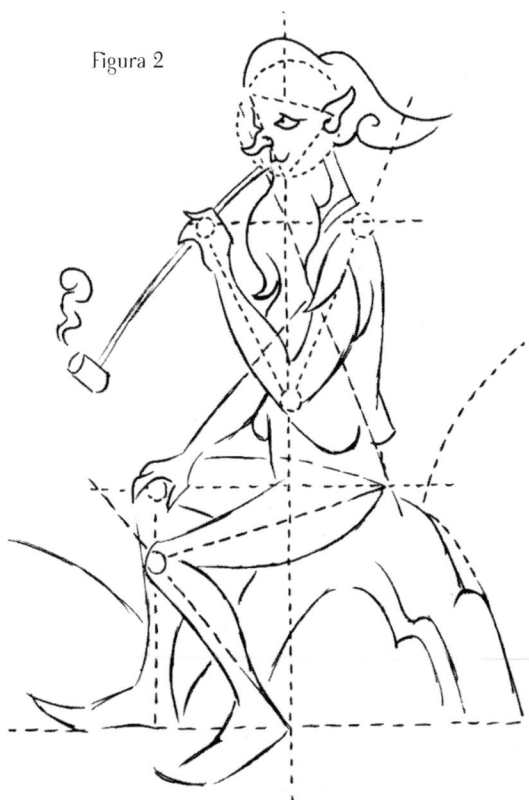

Figura 2

Figura 3

75

Cómo dibujar...
Duendes músicos

Este es un ejercicio complejo, requiere tu máxima atención porque tendrás que dibujar a partir de la estrella mágica, una compleja estructura de líneas, curvas y círculos.

Figura 1. Dibuja una estrella según la figura, y en cada punta agrega un círculo. Coloca dos triángulos pequeños sobre la parte superior de la estrella, y en cada uno de ellos, dos círculos en el lado superior.

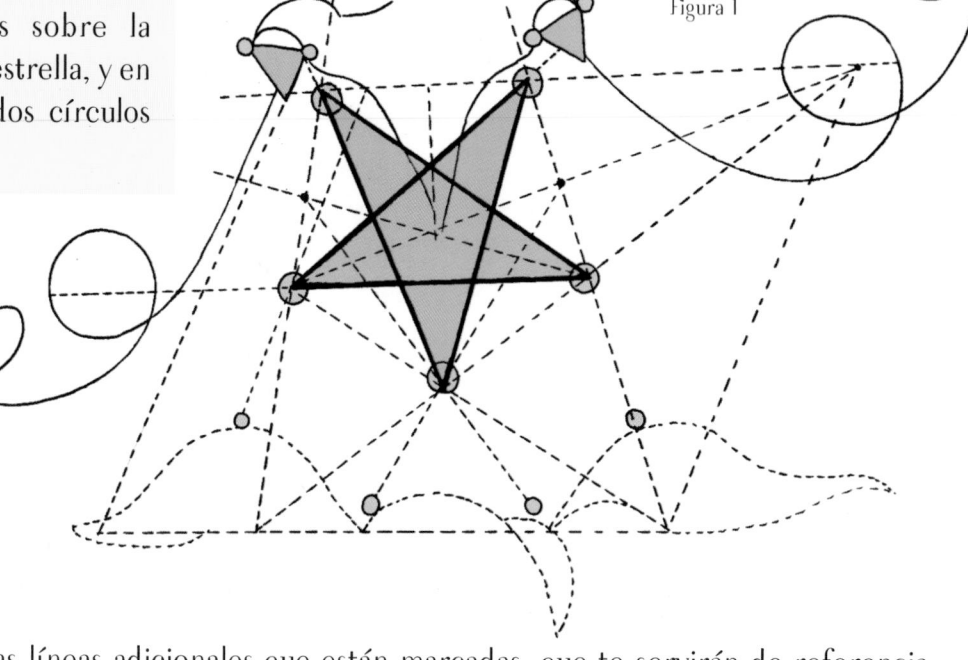

Figura 1

Dibuja todas las líneas adicionales que están marcadas, que te servirán de referencia para el dibujo de las figuras, así como también las largas espirales, que serán las trompetas de este par de duendes.

Figura 2. Con el esquema concluido, pasa a dibujar las figuras tal como se muestran en el ejemplo.

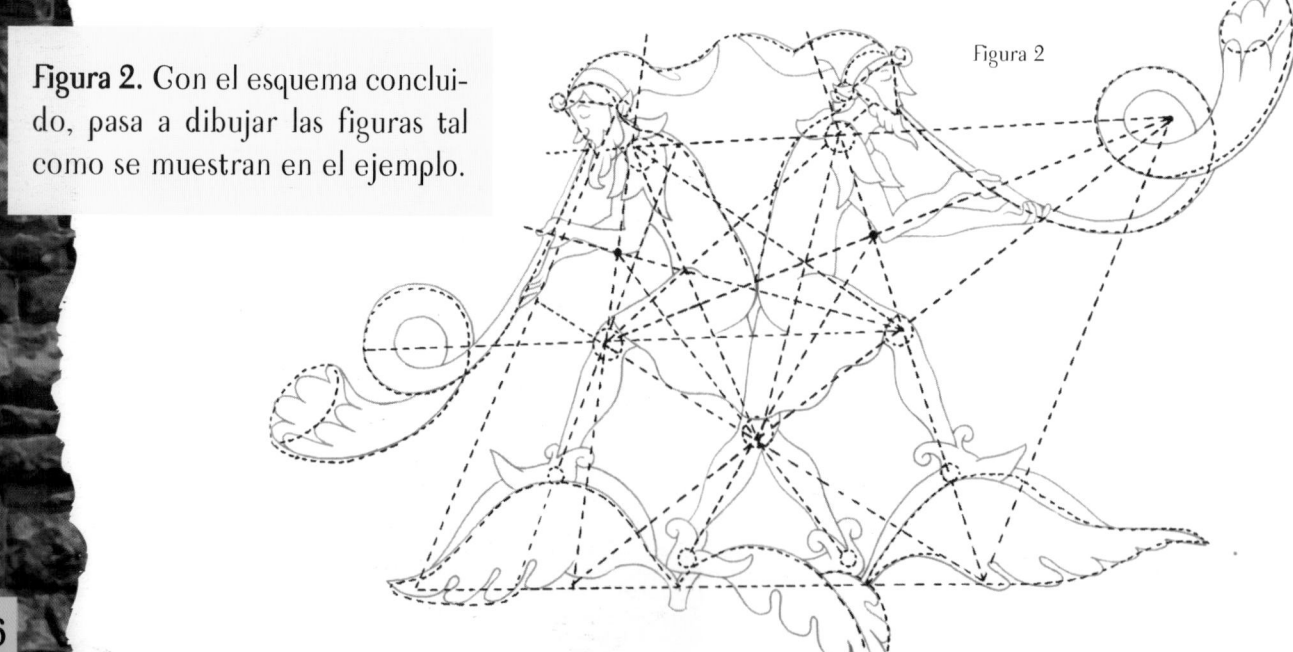

Figura 2

Figura 3. Aquí tienes la imagen final dibujada en línea para que te sirva como referencia.

Figura 3

Figura 4. ¡Aquí están los duendes músicos sobre hojas de un árbol, a todo color, realizando sus curiosas y mágicas melodías!

Figura 4

Capítulo 6

Las expresiones

Las expresiones del rostro, las manos y los ojos son fundamentales para darle vida al personaje. Continuando con el tema de los rostros, debemos tener en cuenta que la vida de un personaje se representa principalmente en su rostro. Los diferentes estados de ánimo, sean exaltados o deprimidos, alegres o iracundos, permiten identificarse con el personaje, entendiendo sus emociones dentro de una determinada situación.

Veamos ahora una selección de expresiones que representan los más destacados estados de ánimo, comenzando por los rostros.

Mago reflexivo

Leprechaun aliviado

Enano desconfiado

Bruja aterrada

Enano incómodo

Hechicero malvado iracundo

Leprechaun simpático

Doncella triste

Caballero soberbio

Hada sorprendida

Gnomo enojado

Enano tímido

Troll agotado

Hada angustiada

Duende avergonzado

Elfo alegre

Algunos dibujantes, especialmente aquellos que trabajan en la realización de dibujos animados, trabajan con un espejo delante, donde se reflejan para estudiar las diferentes expresiones faciales. Puedes practicar y divertirte utilizando esta técnica, u observar a las personas o fotografías de álbumes familiares, libros y revistas.

Las expresiones de las manos

¡Manos a la obra!

El dibujo de las manos es muy importante para darle al personaje más expresividad y vida. Con las manos se puede decir casi todo. Con sólo un gesto de ellas, podemos indicar el significado de la acción y la emoción.

Tal como actores en un teatro, nuestros personajes mágicos deben mostrar claramente sus sentimientos y acciones.
Observa algunos ejemplos de acciones con las manos y practica dibujarlas. Pero antes aprendamos algo acerca de ellas...

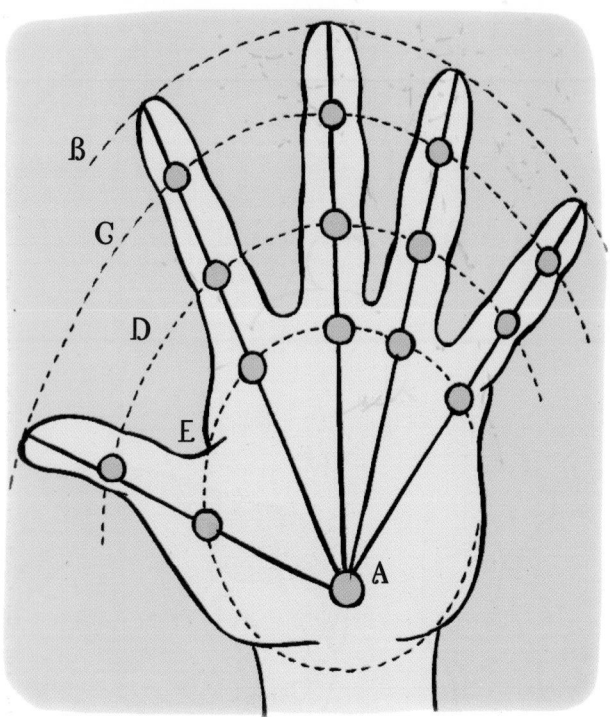

Como puedes ver en el esquema de la izquierda, la mano tiene una estructura radial, es decir que a partir de un punto (A) se extienden como rayos los cinco dedos. Cada dedo a su vez tiene puntos de articulación. Dos para el pulgar y tres para los cuatro restantes.

Todas las articulaciones, comenzando con un óvalo central que se extiende sobre toda la palma de la mano (E), se acomodan sobre líneas de arco (ß, G y D).
La manos son los miembros del cuerpo de mayor posibilidad de movimiento.

Las manos femeninas son suaves y gráciles. Son más pequeñas, sus dedos son más finos y sus articulaciones no son tan pronunciadas como en las masculinas.

Las masculinas, en cambio, son más grandes, los dedos son más gruesos y se notan más las articulaciones.

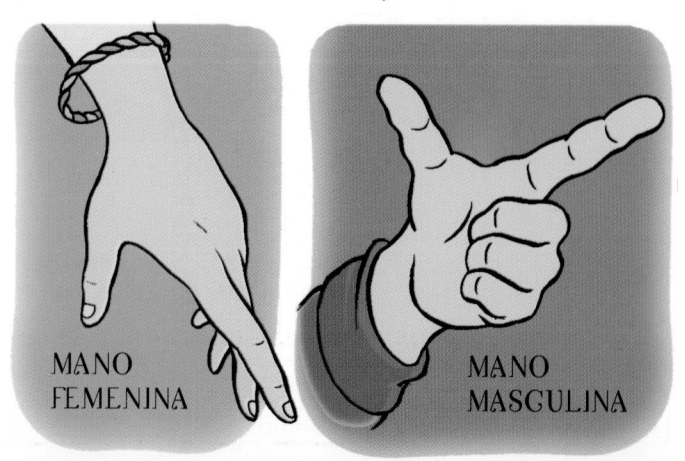

MANO FEMENINA

MANO MASCULINA

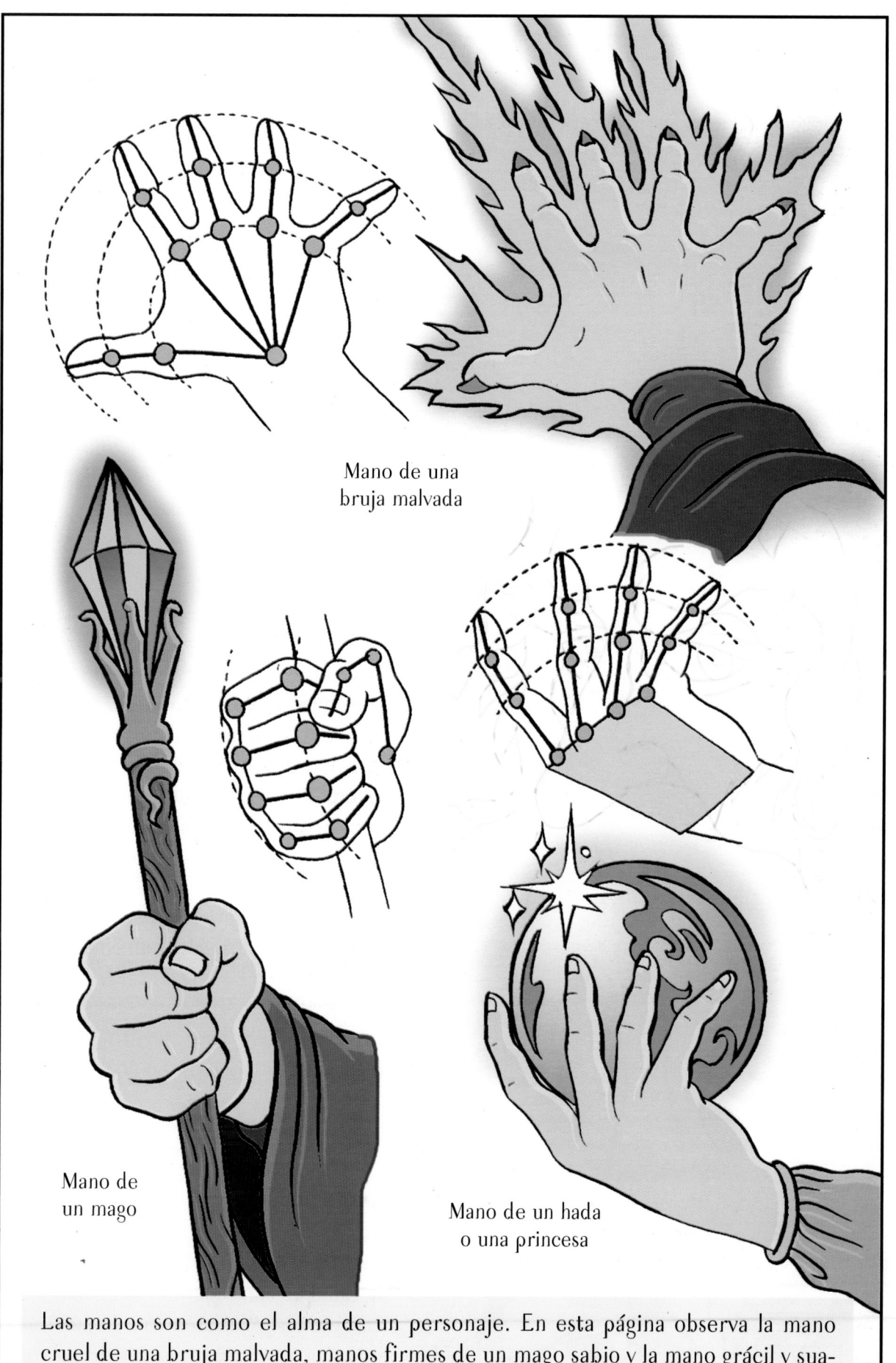

Mano de una
bruja malvada

Mano de
un mago

Mano de un hada
o una princesa

Las manos son como el alma de un personaje. En esta página observa la mano cruel de una bruja malvada, manos firmes de un mago sabio y la mano grácil y suave de un hada o una princesa.

Las expresiones de los ojos

Evidentemente, los ojos son el alma de un personaje. Es a través de ellos que podemos imaginar lo que piensa y siente.

Cada mirada es un universo de cosas, por eso es importante que dibujes practicando diferentes miradas: ojos misteriosos, ojos pensativos, chispeantes, y todos los que se te ocurran para caracterizar a un personaje.

He aquí algunos ejemplos de ojos y miradas. Observa cómo las posiciones de las cejas, párpados y pupilas dan el carácter a cada uno.

Figura 1: los misteriosos ojos de un personaje femenino. El brillo en uno de sus ojos le dan un toque de astucia.

Figura 2: un anciano con una mirada pensativa, absorto en sus pensamientos, quizás esté desentrañando algo temible.

Figura 3: una mirada comprensiva. Observa a alguien o un acontecimiento.

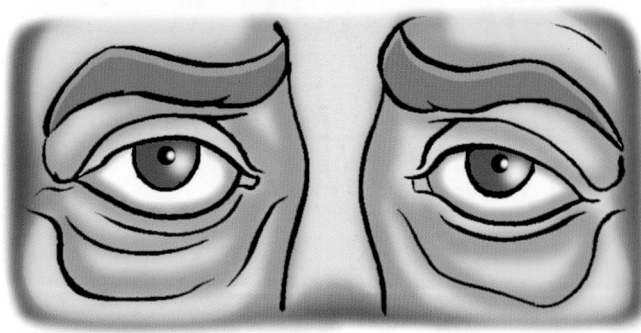

Figura 4: una mirada que denota firmeza, autoridad. Este severo personaje transmite un poco de enojo.

Como puedes ver, estos son sólo algunos ejemplos dentro de una gran variedad de miradas correspondientes a toda la gama de sentimientos que pueden ser expresados. Pon atención a este tema, practica dibujo de miradas, toma referencias en fotos u otros dibujos para lograr dominar este tema.

Capítulo 7

La postura y el movimiento

Además del esqueleto y las proporciones del personaje, necesitamos darle realismo a través de su postura corporal. Esto se llama lenguaje corporal, y es el que le da realmente vida y carisma. Junto con la expresión del rostro, la postura indica claramente lo que está haciendo y sintiendo el personaje. Observa esta serie de pequeñas hadas para ver por qué la postura es tan importante.

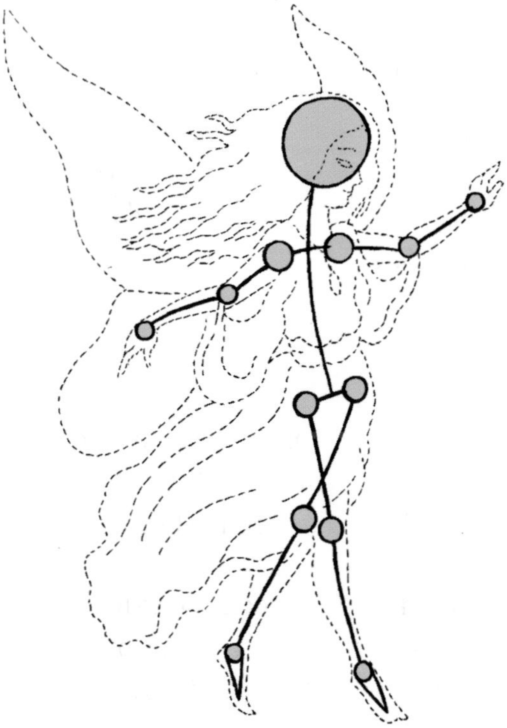

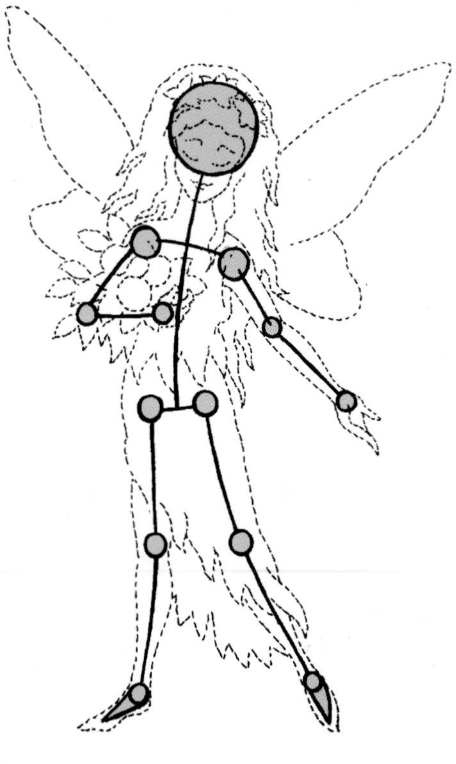

Como puedes ver, los esqueletos son la estructura principal de cada figura. La postura del mismo es el sostén del dibujo. Este es el modo en que realizaremos los ejercicios de aquí en adelante. En el caso de las hadas, sus figuras son suaves y delicadas, llenas de gracia.

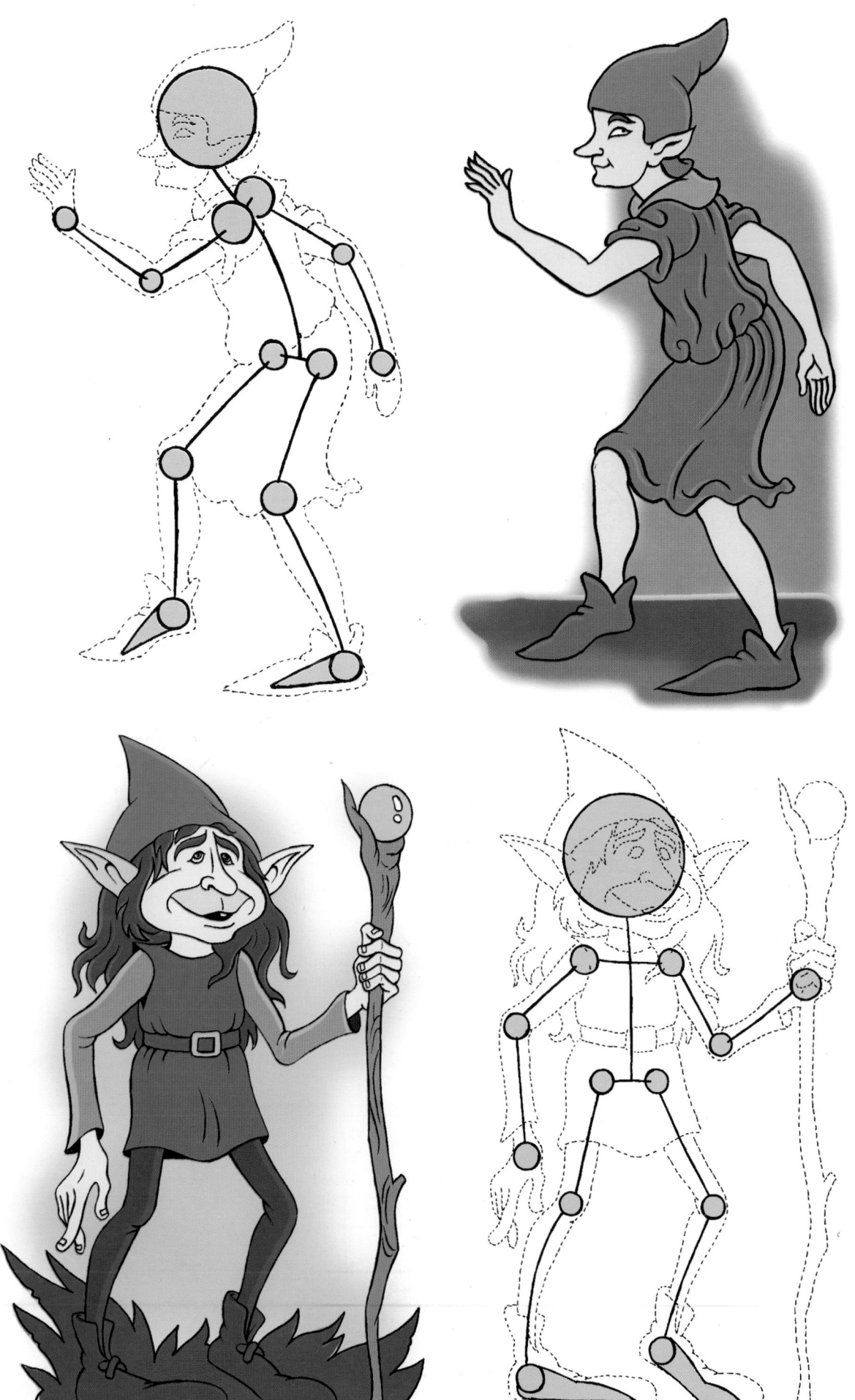

Veamos ahora algunas posturas de otros personajes, como ser duendes y enanos. Los duendes tienen posturas graciosas, chispeantes, andan por los árboles, entre las plantas, en los rincones. Observa los esqueletos para comprender cómo están construidos los cuerpos...

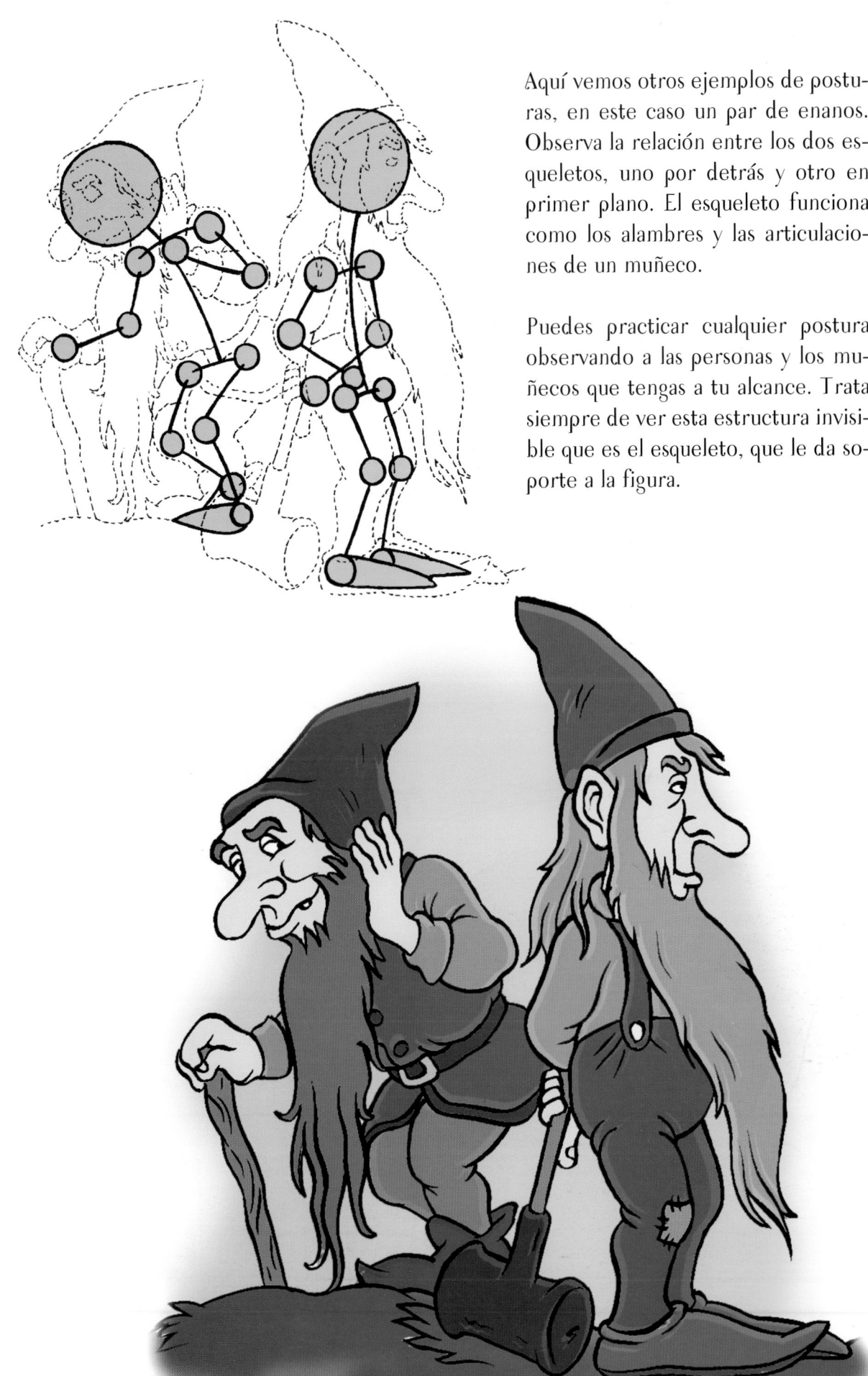

Aquí vemos otros ejemplos de posturas, en este caso un par de enanos. Observa la relación entre los dos esqueletos, uno por detrás y otro en primer plano. El esqueleto funciona como los alambres y las articulaciones de un muñeco.

Puedes practicar cualquier postura observando a las personas y los muñecos que tengas a tu alcance. Trata siempre de ver esta estructura invisible que es el esqueleto, que le da soporte a la figura.

He aquí más enanos laboriosos. Observa y practica estos dibujos de esqueletos: serán de suma importancia para los ejercicios por venir. Ensaya una y otra vez, no te desanimes si no sale de una vez, es cuestión de mucha práctica.

Capítulo 8

El boceto y el dibujo a lápiz

Para comenzar todo dibujo, es necesario realizar uno o varios bocetos.

Estos deben realizarse de modo suelto, sin intentar definir detalles, sino sugiriendo las masas corporales, el ropaje y los objetos del personaje. Luego de dibujar un buen boceto, se ajustan los rasgos y las proporciones del mismo.

Finalmente, se realiza un dibujo a lápiz detallado, tomándose el tiempo necesario.

Observa los bocetos y los dibujos de personajes que incluyo en este capítulo como ejemplo.

1- Comenzamos realizando el boceto de este mágico elfo en forma simple, ubicando bien el esqueleto del mismo.

2- Luego definimos mejor las líneas del dibujo de la cabeza, el cabello, la capa, la vestimenta y la mano sosteniendo un cristal en forma de rombo cónico.

Aquí tienes como ejemplo
el boceto de un hada apa-
reciendo por detrás de
unos hongos.
He construido un esqueleto
simple, agregando las formas
básicas del cuerpo: la cabeza, el
tronco y los brazos.
El abundante cabello aparece alrededor del
círculo de la cabeza, donde también he
agregado ciertas formas sobre las que
dibujaré hojas y pequeños frutos
como tocado.
Una mano y el antebrazo
se apoyan sobre los som-
breros de los hongos,
como descansando.
Las alas emergen por detrás del
cuerpo, a la altura de los
omóplatos de la espalda.

Sobre el boceto inicial, defino
mejor los detalles del cuerpo, el
cabello y el rostro.
Los hongos tienen ahora las clásicas
grietas en los bordes del sombrero,
en forma irregular.
El vestido se define con pliegues en
los hombros y un cuello en forma
de hojas.
El tocado de la cabeza ahora está
decorado con las formas
de hojas dentadas y fru-
tos pequeños circulares.
El pasto crece por de-
bajo de los hongos. Las
alas tienen nervaduras
variadas.

Una vez dibujada la figura bien definida, con los elementos accesorios completos, comienzo a limpiar suavemente con la goma todas las líneas que sobran o "ensucian" la imagen; para esto utilizo una goma de borrar lápiz de muy buena calidad que esté bien limpia (si no, al borrar, la suciedad complicará las cosas, y tendré que borrar aún más, con el riesgo de perder detalles, arruinar el papel y producir manchones grisáceos).

Suavemente, enfoco áreas luminosas en las superficies de los hongos, cuerpo y cabeza, para comenzar a sombrear con líneas suaves los volúmenes de cada elemento.

El cabello es un trabajo meticuloso: debes peinar literalmente con el lápiz, siguiendo las ondulaciones del mismo. El pasto está oscurecido, en las puntas principalmente, dando sensación de diferentes planos del mismo. No es necesario sombrear o agrisar todo el dibujo, sólo elegir los lugares precisos para crear una atmósfera adecuada al tema del dibujo.

Capítulo 9

Consejos técnicos para dibujar la Galería de Personajes Mágicos

Toma en cuenta estas recomendaciones e indicaciones para dibujar los personajes que se muestran en esta galería.

Esqueleto y contornos

A- En este esquema verás el esqueleto del personaje, incluyendo algún elemento adicional, como ser un objeto o paisaje que se ha agregado según las características del mismo. Los principales círculos están coloreados, y los debes dibujar al comienzo, junto con las líneas negras que construyen la estructura.

B- Luego, observa las líneas punteadas, que sirven para ir copiando los contornos que le darán base al dibujo final; también debes dibujarlas suavemente o con color celeste claro, para que te sirva de referencia cuando repases y definas mejor las líneas finales con lápiz negro o estilógrafo.

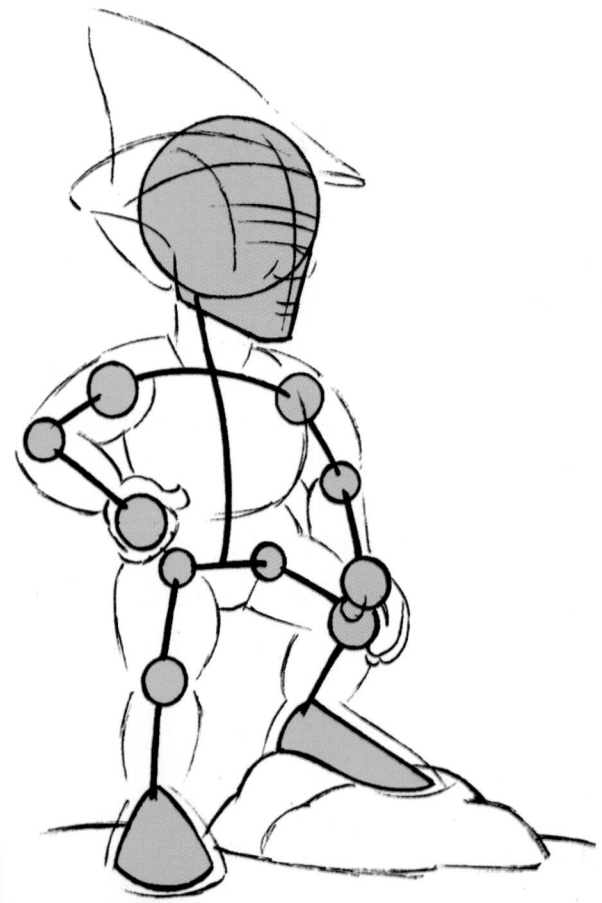

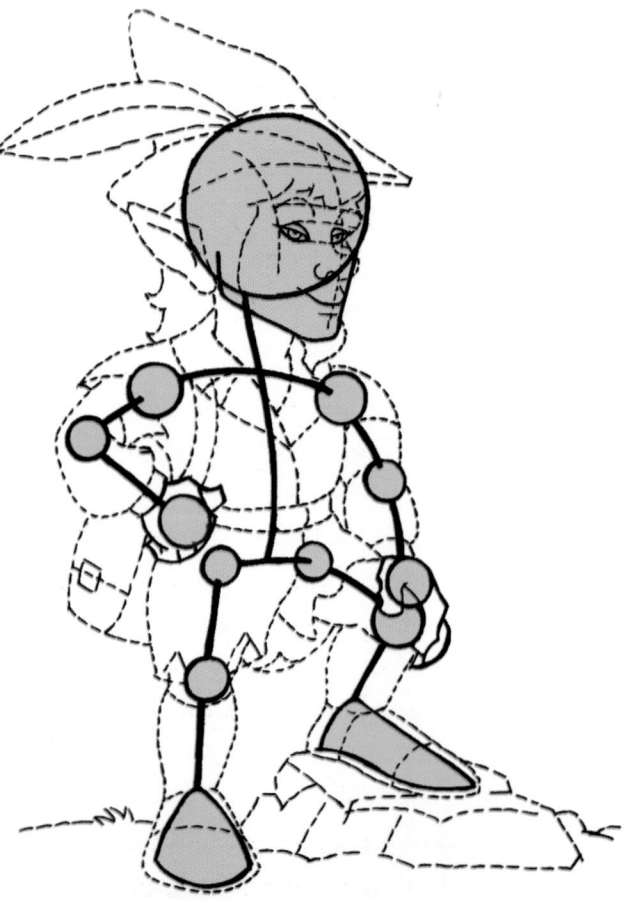

Líneas principales

G- Aquí puedes ver ya dibujadas las líneas principales con más detalles en el acabado final del personaje. Detalles del rostro, el cabello, la ropa, etcétera.

De aquí en más queda en tu capacidad e interés mejorar y colorear tu trabajo. Puedes realizarlo todo en lápiz. Perfilar sus líneas con pincel fino (001) o con un buen estilógrafo, a partir del dibujo modelo en color que está al comienzo de la página.

Coloreado en computadora

1- Los dibujos del libro que sirven como modelo han sido coloreados con un programa de diseño para computadora a partir de un dibujo en línea. Para ello he repasado todas las líneas de cada dibujo final con un estilógrafo de 0,5 milímetros de grosor, o también pueden ser delineados con pincel fino y tinta china negra.

Importante: los trazos del dibujo deben ser continuos, no deben quedar líneas sin cerrar o conectar.

De esta forma, las partes que deseas colorear actúan como un espacio cerrado, para que el color que apliques no se expanda a otras zonas del dibujo.

Dibujos en línea realizados
con estilógrafo 0,5 mm

2 - Los dibujos finales no deben sobrepasar un tamaño mayor de 20 x 28 cm. Deben ser realizados en un papel o cartulina, en un formato de papel A4.

Nota: éste es el tamaño que tienen comúnmente las pantallas de scanner, salvo los modelos más caros y profesionales, que pueden tener el doble de este tamaño; entonces sí puedes hacerlos más grandes, de hasta 28 x 56 cm.

Si el dibujo entintado se ha realizado en una escala mayor a la mencionada, puedes hacer una buena fotocopia en láser o en alto contraste de blanco y negro, reduciéndolo al formato A4 para que quepa bien en la pantalla del scanner.

3- Una vez digitalizado con el scanner en el programa de diseño, se lo debe convertir a escala de grises. También deben ajustarse brillo y contraste, dándole a la imagen un **+4** de brillo y **+75** de intensidad de contraste para lograr buena definición, aunque esto varía según el modelo de scanner. Lo importante es que la digitalización de la imagen sea limpia y en un marcado blanco y negro sin grises.

4- Con la imagen que se obtiene debemos seleccionar el modo RGB o CMYK (para impresión y visualización del color), para comenzar a colorear.

5- Con el **baldecito y la varita mágica** que se encuentran en la **barra de herramientas** del programa de retoque de imágenes, se deben seleccionar y colorear todas sus partes. Hay que practicar bastante este procedimiento hasta adquirir pericia en su uso. Existen manuales que pueden ser útiles.

Se comienza a colorear áreas del dibujo, por ejemplo, con el mismo color para las zonas de la piel. Así también la ropa, el cabello, etcétera.

6- Para dar volumen o sombreados se utiliza el **aerógrafo** que se encuentra en la **barra de herramientas.** Esta también es una herramienta compleja de usar, pero puedes practicar o tomar lecciones especiales para lograr dominarla.

Si no tienes acceso a una computadora con el programa de diseño para poder colorearlos, puedes utilizar acuarelas, tintas o lápices.

¡De esta forma tú puedes aprender a colorear también tus dibujos de personajes!

Modelo en color

Los personajes presentados en la siguiente galería han sido coloreados de la forma que acabo de explicarte. En los modelos a color podrás observar con nitidez los volúmenes, sombreados, y distinguir cada parte del personaje. Pero antes veamos un tema pendiente del principio: cómo construir una mesa de transparencia y cómo usarla, ya que se trata de una herramienta muy útil para practicar, calcar y mejorar tus dibujos.

Cómo construir una Mesa de Transparencia

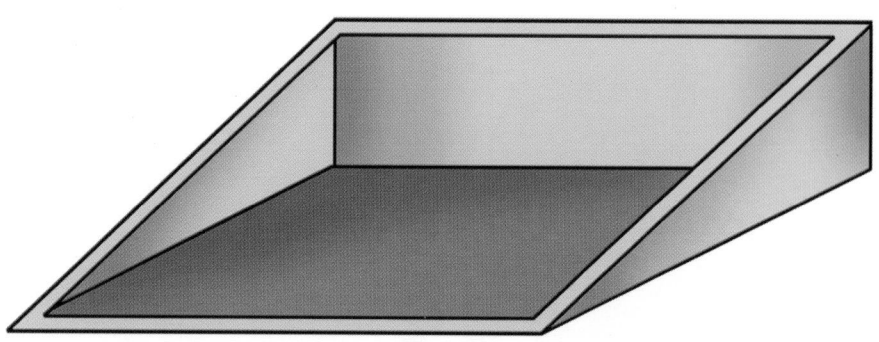

1 - El primer paso es cortar las cuatro piezas de madera o aglomerado que conforman la caja. La base puede ser de 50 cm de ancho x 48 cm de largo, los lados laterales triangulares de 48 cm de largo y 17 cm de alto; finalmente, el lado posterior, un rectángulo de 50 cm de ancho x 17 cm de alto. También tienes que comprar o conseguir un vidrio o acrílico lechoso (este no se rompe) de igual medida que la base de la caja.

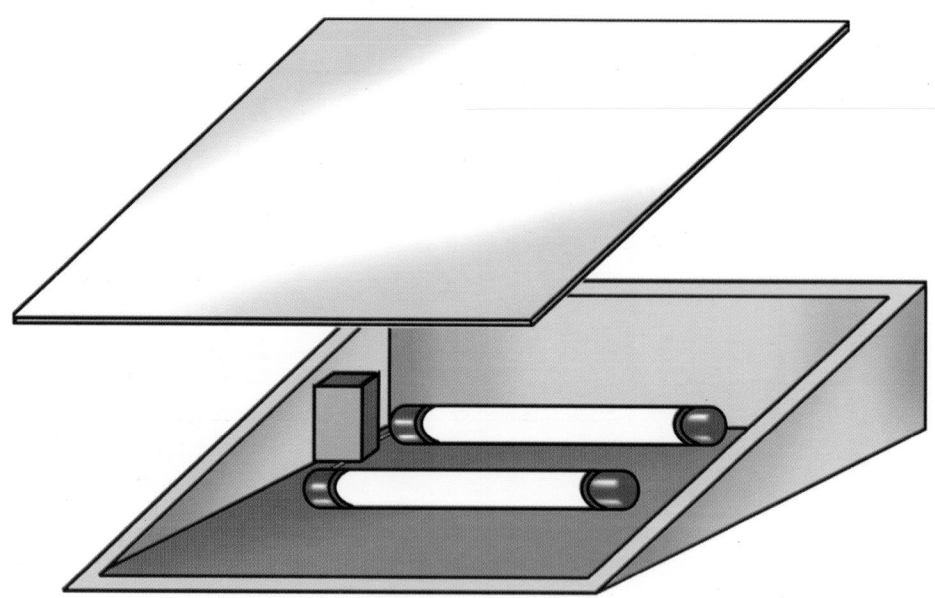

Construida la caja, agregas uno o dos tubos fluorescentes chicos (no mayores a 40 cm de largo) con su respectivo transformador, los cables de conexión y el enchufe saliente por el lado posterior. Hay lámparas fluorescentes en forma circular que pueden servir. Averigua. También puedes incluir un interruptor para el encendido y apagado de la mesa.

Instalado el sistema de iluminación dentro de la caja, perfora el acrílico lechoso con cuidado, según la figura; luego, apoyando el mismo sobre la superficie de la caja, marca los mismos orificios sobre los grosores de la madera de los lados. Consigue tornillos no muy grandes y no muy largos para calzarlos en los orificios.

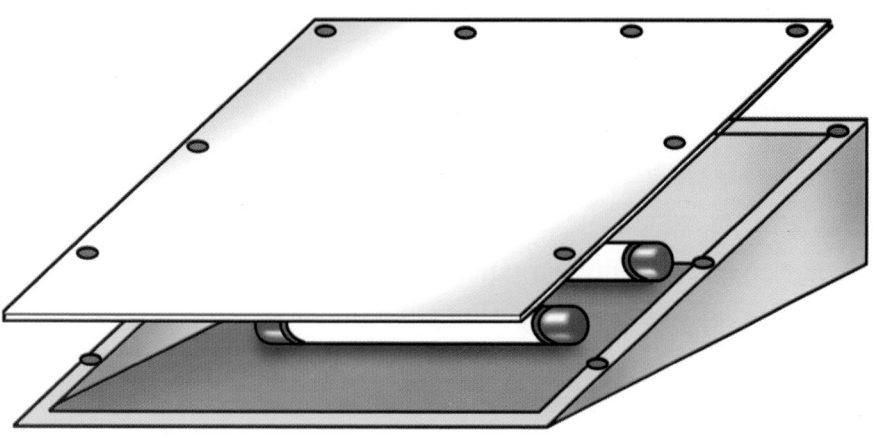

Atornilla el acrílico sobre los lados de la caja, y ya está lista para usar.
Sus lados, al ser inclinados, permiten una buena visualización de los dibujos y las formas que utilizarás para calcar.

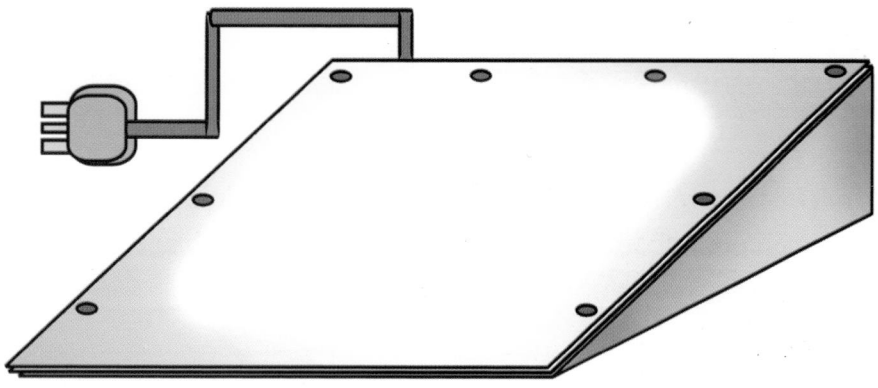

Cuando trabajes con la mesa de transparencia, apaga las luces de la habitación para que se intensifique su iluminación y puedas ver con más nitidez los detalles dibujados.

Uso de la mesa de transparencia

1- Dibuja en un papel A4 el boceto de un personaje, esqueleto y contornos.

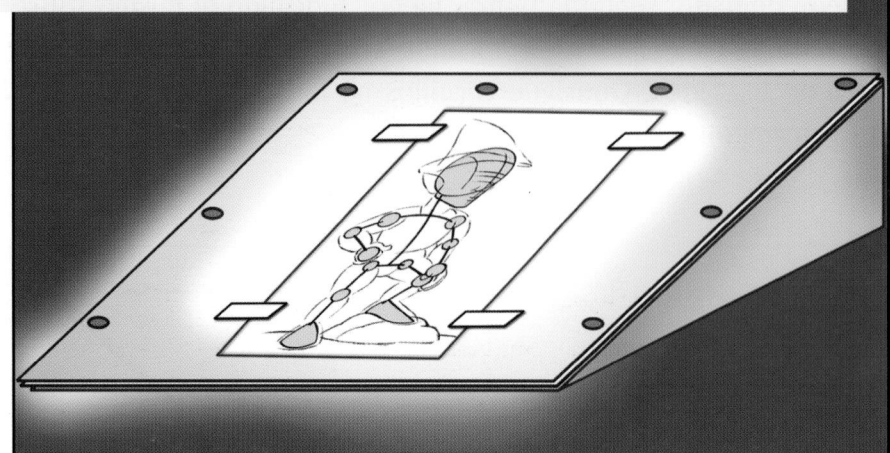

Puedes hacer también una ampliación por fotocopia del **Esqueleto y Contornos** del personaje que elijas dibujar en ese tamaño, para que te brinde mejor visualización. Luego, enciende la mesa de transparencia y pega el dibujo con cinta de papel sobre el vidrio de la misma. (La cinta adhesiva tiende a ponerse pegajosa y difícil de sacar y limpiar por el calor de las lámparas; las cintas engomadas de papel, también llamadas cintas de enmascarar, de un centímetro de ancho, son ideales para esto.)

2- Ahora coloca un papel en blanco de igual tamaño sobre el primero.

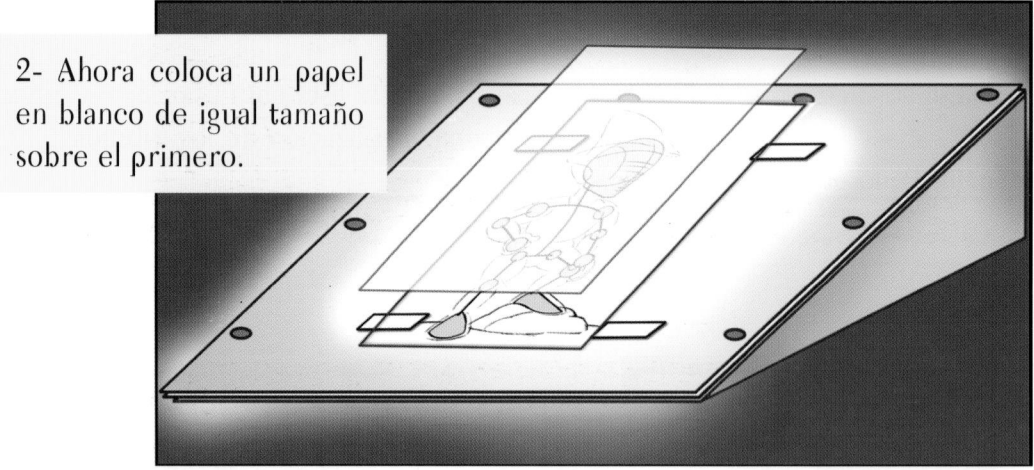

Con la mesa encendida, verás cómo la luz de la misma permite que se transparente tenuemente el dibujo de abajo sobre el papel en blanco.

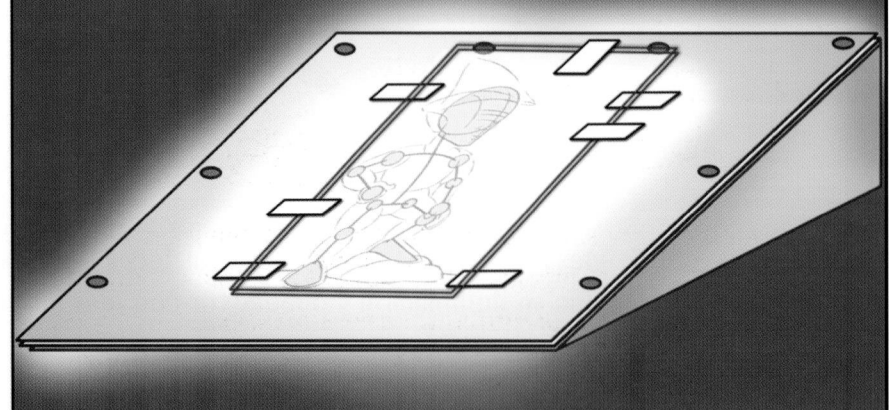

Ahora puedes dibujar con suavidad sobre el esquema de esqueleto y contornos el dibujo de líneas principales.

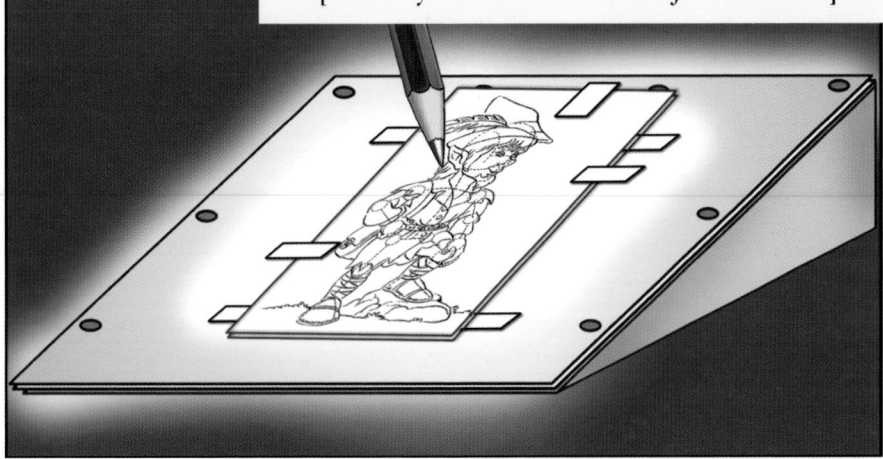

3- Finalmente retiras el papel que acabas de dibujar con los contornos realizados en lápiz suave.

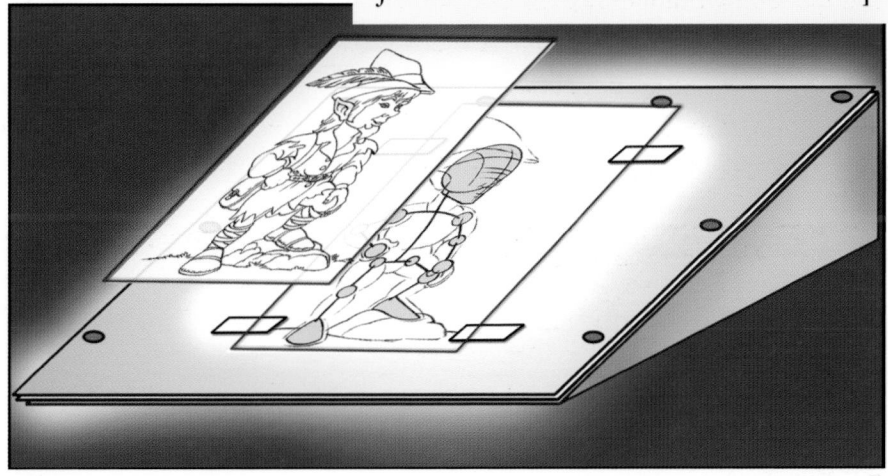

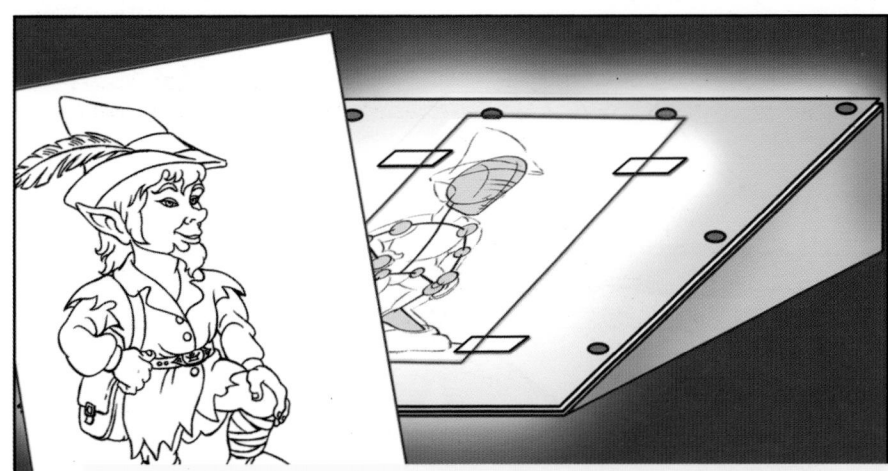

Sobre este mismo, observando con detenimiento las imágenes terminadas del libro, irás agregando detalles y delineando artísticamente los contornos según el dibujo de líneas principales y el modelo a color. ¡Y ya está listo para ser coloreado o sombreado a tu gusto!

Galería de Personajes Mágicos

Estimado amigo, hemos llegado a la tercera y última parte de este libro: la **Galería de Personajes Mágicos**, un vasto desfile de variados seres del mundo del encantamiento.

Entre ellos, encontrarás los más conocidos, como ser: **hadas, duendes, magos, dragones, unicornios,** pero también hallarás otros muy **misteriosos, fabulosos y sorprendentes**.

Cada uno de ellos va acompañado de un texto que explica algunas características, información que te ayudará a conocer cada personaje, para dibujarlo mejor.

Para esto deberás haber practicado todas las lecciones anteriores, porque los personajes se realizan aplicando el dibujo a partir de **esqueletos**, visto en el Capítulo 4.

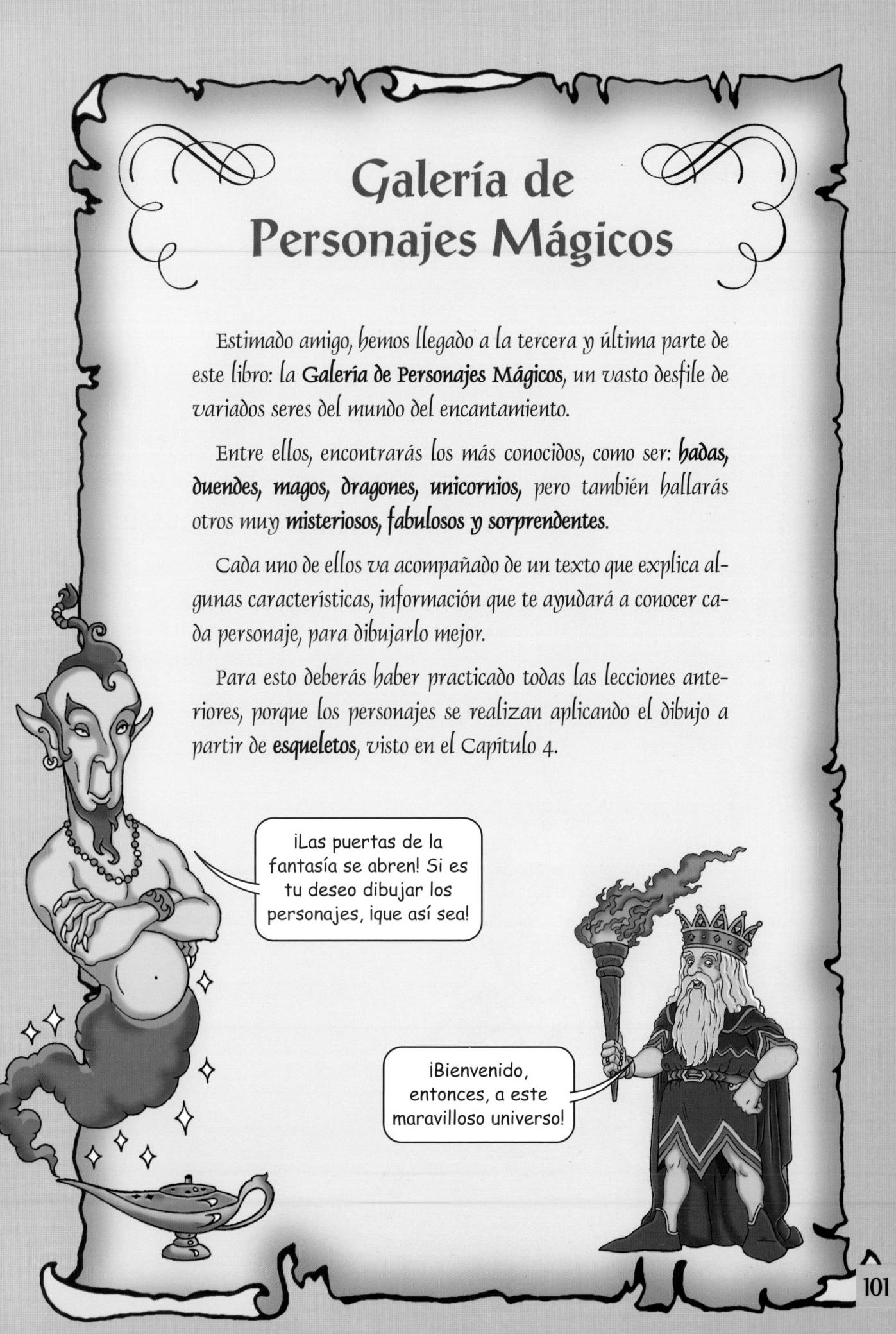

¡Las puertas de la fantasía se abren! Si es tu deseo dibujar los personajes, ¡que así sea!

¡Bienvenido, entonces, a este maravilloso universo!

Personajes del Mundo Mágico de...
Los Duendes

Duendes · Leprechauns · Gnomos · Trasgos · Elfos · Gobblins

La primera parte de la Galería de Personajes Mágicos está dedicada al **Mundo de los Duendes.** Hay una gran variedad de seres mágicos que son considerados Duendes. Las leyendas de toda Europa, incluso las de Asia y América, hablan de ellos y utilizan la expresión "Gente Pequeña" para identificarlos.

Sin duda, los duendes pueden aparecer como seres muy pequeños, tanto o menos que un dedo meñique, aunque también se conocen muy grandes, con talla similar a la humana. Pero en general son representados en su tamaño más pequeño, que, sin duda, despierta la fantasía de lo maravilloso: gente diminuta haciendo cosas detrás de los arbustos, en un rincón de la casa, o bajo las raíces de un gran árbol.

He incluido algunos ejemplares de duendes, gnomos, elfos, trasgos y gobblins, que son considerados como miembros honorarios de la "Gente Pequeña".

¡Comencemos, pues, este singular desfile!

Duendes

Los duendes son seres mágicos que pueblan los universos de las leyendas y los cuentos de hadas. Habitan en los bosques, colinas y pueblos. Se introducen en las casas y causan desórdenes y travesuras. No todos los duendes son tan malignos, los hay amistosos y benéficos.

Son muy pequeños, de orejas puntiagudas, caras graciosas y cuerpos ágiles; usan ropa colorida, sombreros y gorros diversos. A algunos les gusta cantar y tocar instrumentos, creando músicas de ensueño y misterio.

Los **Ljsalfar** son duendes luminosos y los **Dopkalfar** son duendes de la oscuridad.

Son seres llenos de magia y ayudan a las personas, pero si son oscuros hay que cuidarse de ellos. Tienen un sentido del humor muy especial, son burlones y también suelen hacer bromas pesadas.

Razas de duendes: Brownies, Djinns, Trenti, Leprechauns, Gnomos, Elfos, Genios, Trasgos, Pixies.

Esqueleto y contorno ▲

▼ Líneas principales

▲ Esqueleto y contorno

▲ Líneas principales

Líneas principales ▼

Dibujo final coloreado ▼

Leprechauns

Son duendes hogareños. Son parte del folclore irlandés y son conocidos por su habilidad para hacer zapatos para los elfos. Ayudan a los habitantes de las casas en tareas domésticas. También son guardianes de tesoros escondidos. Usan sombreros de tres picos para que, puestos de cabeza, puedan girar como trompos.

De noche, luego de sus labores diarias, los **Leprechauns** gustan de una cuantas copas de vino, se acomodan en las bodegas y, copa tras copa, se transforman en **Curricauns**. Embriagados, utilizan estas horas nocturnas para divertirse y pueden crear desorden y confusión en la casa.

Se cuenta que donde termina el arco iris, hay un tesoro de los Leprechauns. Su símbolo es el trébol.

Gustan de vestirse con sacos largos y chalecos. Usan grandes y graciosos zapatos de punta.

▲ Esqueleto y contorno

Líneas principales ▼

Gnomos

Son seres que conservan conocimientos muy antiguos. Viven bajo la tierra o entre las grandes raíces de viejos árboles, especialmente en los lugares donde hay tesoros escondidos, minas de oro y plata, y también piedras preciosas y diamantes.

Tienen baja estatura, con aspecto de ancianos barbudos, vestidos de colores rojizos y marrones oscuros; usan capuchas de fraile o gorros puntiagudos que caen hacia el suelo.

Muchos gnomos son muy simpáticos, pero los hay gruñones y malhumorados; no son dañinos, ¡pero hay que aguantarlos! A veces se ponen pesados y obstinados.

Actualmente, son muy famosos, están de moda, pero sepan que ellos siempre estuvieron entre nosotros. Algunos realmente los han visto... Fantasía o realidad...

Esqueleto y contorno ▲

▼ Líneas principales

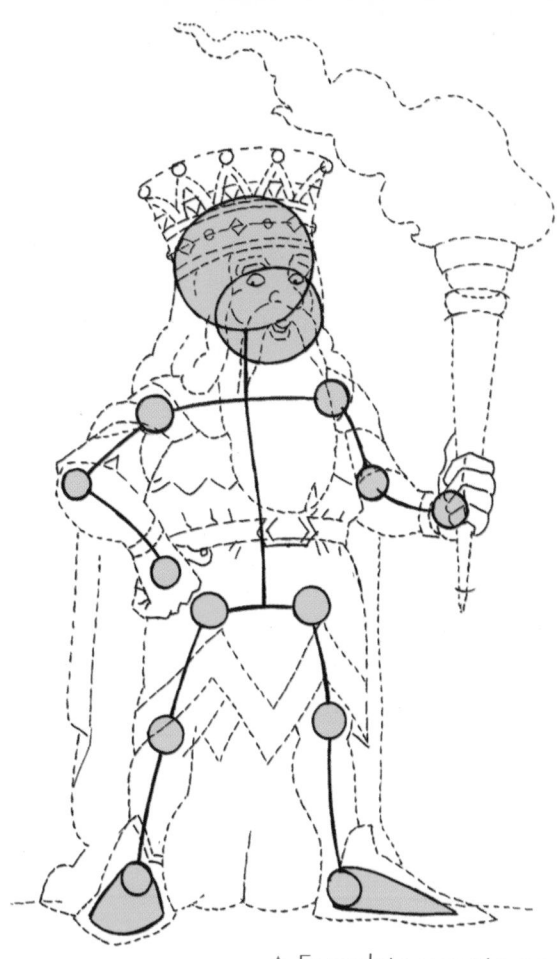

▲ Esqueleto y contorno

▲ Líneas principales

Líneas principales ▼

Dibujo final coloreado ▼

Trasgos

Los trasgos son otra de las razas de duendes, muy conocidos en España. Tienen un raro aspecto, a veces medio lobezno, pero pueden ser de varias formas, incluso con aspecto de pájaros. Se ocultan entre las raíces y las hojas de los árboles y también cerca de lagos. Algunos son hostiles y de temer. Pero otros pueden ser más simpáticos, a pesar de su extraño aspecto (que en principio puede asustar).

Son eximios corredores, usados muchas veces por los elfos para enviar mensajes a lugares lejanos o trabajar de espías.

También pueden dar grandes saltos y desaparecer en un instante.

Esqueleto y contorno ▲

▼ Líneas principales

109

Elfos

Son seres de gran genio, abundan en la mitología nórdica y anglosajona. Personifican fuerzas de la naturaleza, las tormentas, las lluvias, los grandes vientos, etc. Algunos los describen pequeños y traviesos, tanto buenos como malos; habitan en las profundidades de los bosques y las montañas. Algunos creen que los elfos pueden intervenir en los sueños humanos, y en algunas ocasiones provocar pesadillas.

El famoso escritor J.R.R. Tolkien los describe, en su famoso libro **El Señor de los Anillos,** como seres similares en apariencia a los humanos, pero más bellos y llenos de magia. Como seres muy antiguos de gran sabiduría y coraje. Algunos son expertos guerreros y otros, formidables gobernantes.

Esqueleto y contorno ▲

▼ Líneas principales

▲ Esqueleto y contorno

▲ Líneas principales

Líneas principales ▼

Dibujo final coloreado ▼

Gobblins

Son una peculiar raza de duendes.

Son conocidos por ser malignos, les gusta robar pertenencias y secuestrar a lindas hadas. Las oscuras noches de **Halloween** pueden contar con su presencia nefasta.

Sus feos aspectos producen miedo, incluso cuando toman formas de animales, como feroces lobos o perros.

Pero no todos son malvados, hay quienes eligen colaborar con los hombres, en especial con los mineros, a los cuales indican dónde hallar vetas de oro utilizando su extraordinario olfato.

Les gusta realizar extrañas danzas y hacer bromas y burlas.

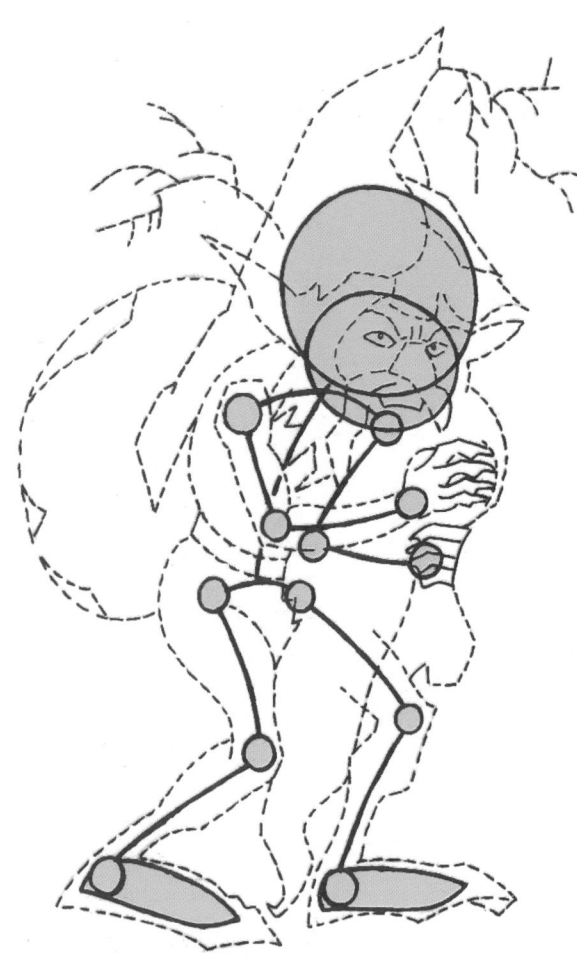

◀ Esqueleto y contorno

▼ Líneas principales

Personajes del Mundo Mágico de...
Las Hadas

Hadas · Oberon y Titania · Silfos · Ondinas · Salamandras

La segunda parte de la Galería de Personajes Mágicos está dedicada al **Mundo de las Hadas**. Ellas, sin duda, son una parte importante dentro del mundo mágico. Hay muchos tipos de hadas según su ambiente, sea el aire, el agua o el fuego. Aparecen en leyendas de Europa, Oriente y América como seres muy pequeños, visibles e invisibles, aunque también se presentan de tamaño humano. Tienen el poder de cambiar su apariencia. Algunas tienen bellas alas de mariposa, de libélula, o también formadas con hojas del bosque donde habitan. Viven en comunidades o tribus en lugares de frondosa naturaleza: bosques, jardines, selvas. Son conocidas las Islas de las Hadas.

En general, son representadas con su imagen femenina, pero las hay masculinas, llamadas "hados".

He incluido algunos ejemplares de hadas, silfos, ondinas, que son varias de las especies del "mundo feérico" de las hadas. ¡Continuemos, pues, este mágico desfile!

Hadas

Las hadas son las más bellas entre los seres mágicos de la naturaleza, que intervienen en la vida humana. Encontramos hadas en todos los tiempos y lugares. Desde los antiguos griegos hasta los indios pieles rojas narran sus encuentros con estas maravillosas criaturas. También se las encuentra en lugares escondidos, como grutas, cuevas, islas y bosques.

Muchas hadas viven en comunidades o tribus. Gustan de danzar, de la música, el canto y las ropas hermosas y de varios colores, sus preferidos son los verdes en varias gamas y matices. También hay hadas peligrosas y guerreras, las cuales usan flechas para su ataque.

Algunas solitarias habitan en los bosques y adoptan algún árbol para vivir en él.

Son en general muy pequeñas, jóvenes, de cabellos largos y alas de mariposa, pero su tamaño varía, ya que pueden mágicamente aparecer del tamaño de una persona.

Esqueleto y contorno ▲

▼ Líneas principales

Oberon y Titania

Son los reyes de este singular universo. Se hicieron muy famosos por ser protagonistas de un viejo libro llamado **Sueño de Una Noche de Verano,** escrito por William Shakespeare. En él se narran sus maravillosas aventuras y peripecias. Te sugiero que lo leas.

Oberon y Titania son seres feéricos muy hermosos, que poseen el don de mando y muchos poderes mágicos.

Visten elegantes atuendos y, en general, aparecen de gran tamaño en relación a las pequeñas hadas.

◀ Esqueleto y contorno

▼ Líneas principales

Silfos

Son hadas del aire, vuelan con los vientos, son livianas y casi transparentes. Tienen el poder de controlar los vientos.

Su tamaño varía de muy pequeño a mediano. Tienen alas de mariposa o libélula, también las hay con alas formadas por hojas de diversos tamaños, formas y colores. Sus ropas son suaves, como pétalos o plantas, de colores claros.

Si se enfadan, pueden provocar un torbellino de viento y hojas, y también una tormenta.

◀ Esqueleto y contorno

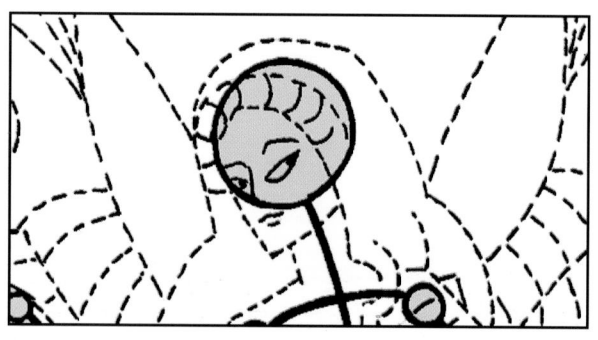

▼ Líneas principales

116

Ondinas

Son hadas de las aguas, tienen el poder de conducir las cauces de ríos y lagos. Por esta labor están relacionadas con la sirenas y los tritones. Conocen muchos secretos y misterios y saben cómo encontrar tesoros perdidos en las profundidades de lagos y ríos. Tienen aspecto de mujeres jóvenes y bellas, las cuales con su poder cautivan y engañan a aquellos que tienen malas intenciones. Pero pueden ayudar a aquellos que tienen nobles ideales.

Es conocida la Dama del Lago de **La Leyenda del Rey Arturo**, quien le da la famosa espada mágica Excalibur.

Esqueleto y contorno ▲

▼ Líneas principales

Salamandras

Las salamandras son hadas que tienen el poder de controlar el fuego. Pueden tener apariencia de estar formadas por llamas de fuego o también pueden aparecer como pequeños dragoncitos que viven dentro de las ardientes llamas de una fogata.

Ayudan a controlar los volcanes que explotan y los incendios en el bosque.

Por ser parte del fuego, su poder puede volverse incontrolable si se ofuscan.

Esqueleto y contorno ▲

▼ Líneas principales

Personajes del Mundo Mágico de...
Los Magos

Magos · Hechiceros · Brujas · Banshees

La tercera parte de la Galería de Personajes Mágicos está dedicada a personajes del **Mundo de los Magos.** Sin duda, no existen cuentos de hadas en los que no haga aparición algún personaje de este fantástico universo.

Existen personajes benévolos, como los magos que auxilian, y malévolos, que conjuran con sus nefastos poderes mágicos.

Son muy conocidos en todas las culturas de la antigüedad, especialmente en China y Europa, ¡pero los hay en todas partes!

Los druidas fueron magos muy sabios que brindaban su saber a los pueblos celtas de Europa, de allí nacieron innumerables leyendas, en especial las del Mago Merlín.

Las brujas han provocado desórdenes de todo tipo en incontables historias de la antigüedad. Otras han decidido ayudar a muchos personajes de leyenda.

Nos sumergiremos, entonces, en este misterioso mundo de encantamientos y libros empolvados.

Mago Merlín

Los druidas eran los magos de los pueblos celtas. Merlín fue el mago druida más famoso de la historia. Es conocido por haber educado al joven Rey Arturo, ayudarlo y aconsejarlo en las tareas de su reino. Se enfrentó con la conocida Hada Morgana, hermana de Arturo, quien quería sonsacarle todos sus secretos de magia.

Merlín terminó su historia encerrado en una cueva de cristal en la comarca de Tintagel, en Inglaterra. Prometió regresar junto con el Rey Arturo.

Esqueleto y contorno ▲

▼ Líneas principales

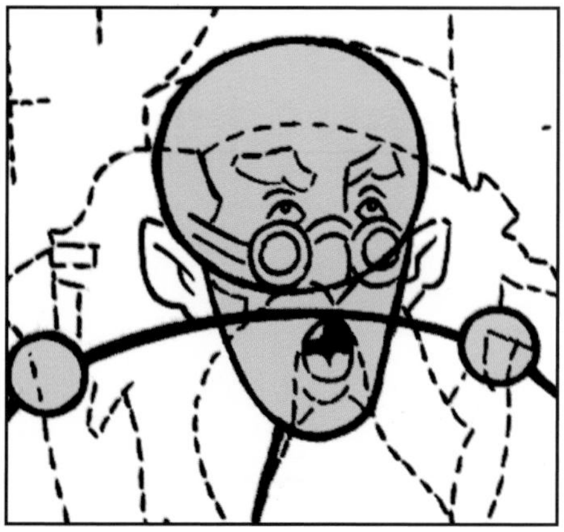

120

Magos

Los magos representan los poderes mágicos del bien (los magos blancos) y del mal (los magos negros). En general son solitarios, viven en lugares de difícil acceso, como montañas, bosques, cuevas. Tienen sus libros y laboratorios junto a sus mascotas favoritas, como ser gatos, lechuzas y cuervos. Acrecientan su sabiduría y su poder para transformar las cosas o crear nuevas.

Encontramos magos en todos los tiempos y en los lugares más variados, desde Oriente hasta Occidente. Tienen ropajes específicos: túnicas, sombreros altos o puntiagudos, capas, botas o zapatos de duende. Usan varitas y bastones para invocar las fuerzas mágicas. También estudian libros ocultos y secretos de otros magos más antiguos. Muchos de ellos se organizan en cofradías o hermandades para ayudarse unos a otros.

Esqueleto y contorno ▲

▼ Líneas principales

◀ Esqueleto y contorno

▼ Líneas principales

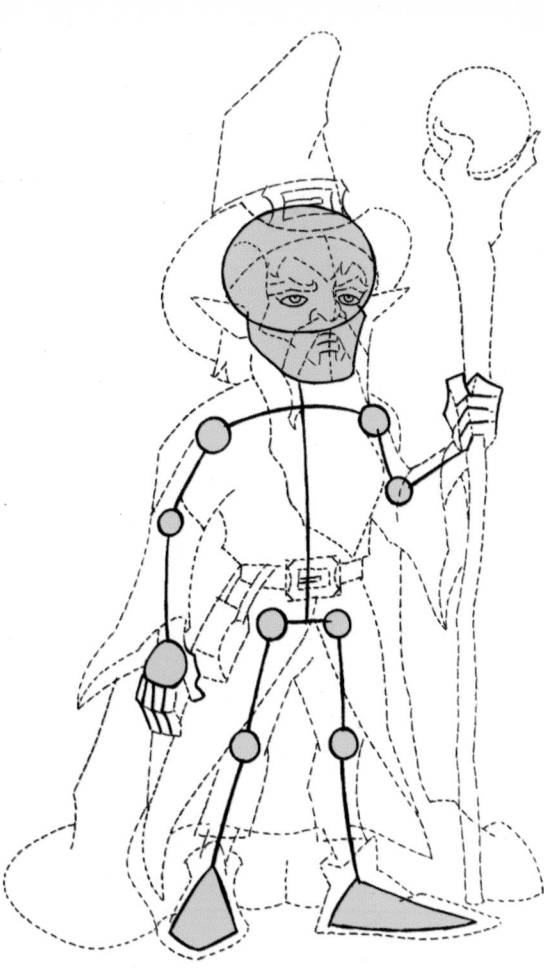

Mago Duende

En el mundo de los magos también hay magos duendes. Estos pequeños seres, parte de la familia feérica, también desarrollan poderes mágicos, mayores a los que ya tienen los duendes.

Aliados de magos humanos, pueden intervenir en mundos de la "Gente Pequeña" y ayudar a resolver problemas, así como también participar en verdaderas luchas de magia entre magos, hechiceros y brujas.

Con sus largos atuendos, barbas y báculos mágicos, los duendes magos son muy respetados, tanto por sus pares humanos como por los miembros de las tribus de duendes.

◀ Esqueleto y contorno

▼ Líneas principales

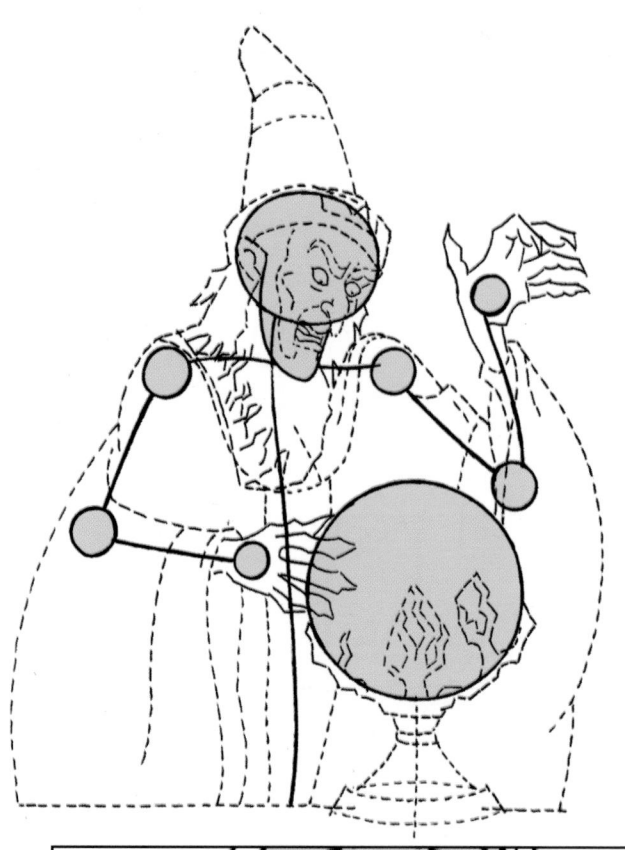

Hechiceros

Los hechiceros son magos que han utilizado sus poderes y secretos mágicos para hacer el mal. Con intrincados artilugios, confunden, engañan y mienten para lograr lo que quieren, que en general se trata de conseguir poder, tesoros, o una bella doncella, ¡o todo a la vez!

Trabajan sirviendo a poderes oscuros, con quienes realizan pactos para obtener mayores poderes mágicos. Hay hechiceros de todo tipo y tamaño, pero en general tienen porte de magos, altos y con elegantes modales. No son de fiar.

◀ Esqueleto y contorno

▼ Líneas principales

◀ Esqueleto y contorno

▼ Líneas principales

126

Brujas

Son destructivas y representan los poderes oscuros. No les gustan los niños y tratan de hacerlos desaparecer o transformarlos en ratones, por ejemplo. Montan en escobas y preparan pociones mágicas en sus calderos para hacer el mal. Viven en lugares húmedos y sucios. Son vengativas y se ríen tan frenéticamente que pueden hacerte doler los oídos. La mayoría de las brujas son feas, con los cabellos enmarañados, jorobadas, con ganchudas narices y grandes verrugas en la cara; en sus dedos asoman afiladas uñas y sus ojos pequeños se vuelven saltones y desorbitados. Se visten con harapos y oscuras prendas, usan sombreros altos o capuchas con capas. Tienen gatos negros y son amigas de seres oscuros y tenebrosos. Sus hechizos son poderosos, pero no tanto como el de los magos blancos, por quienes son derrotadas y tienen un triste final. No las recomiendo como aliadas.

Esqueleto y contorno ▲

▼ Líneas principales

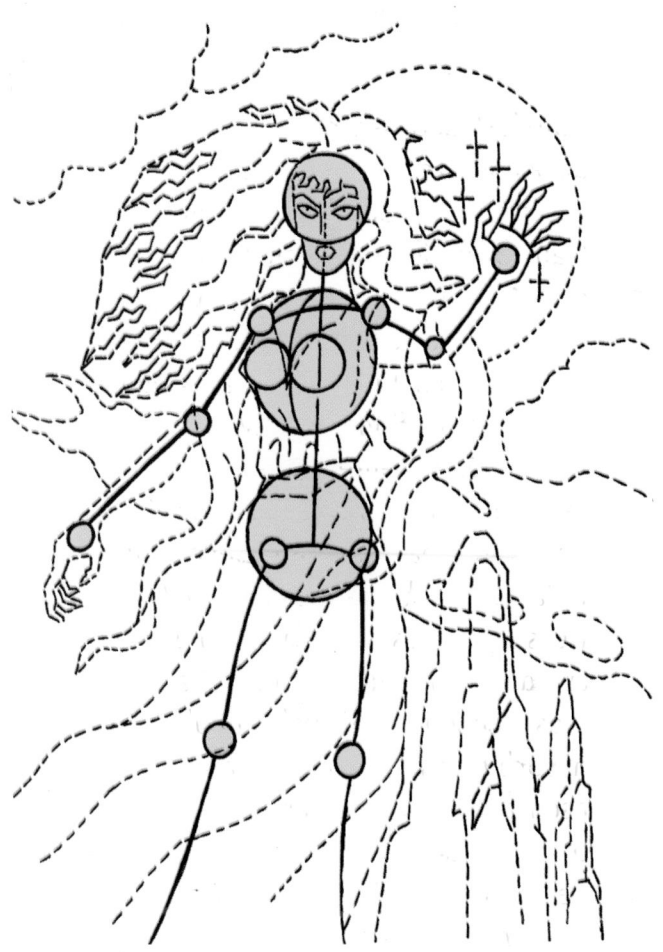

Banshees

En las oscuras noches de mágicos países, como Escocia o Irlanda, aparecen las Banshees. Son hadas-hechiceras que forman cofradías, tienen ojos rojizos y platinados cabellos que se elevan con el viento en luna llena. Dentro de círculos de piedras mágicas, las banshees danzan, cantan lamentos y elevan sus manos invocando poderes mortíferos. Su aspecto no es horroroso, al contrario, aparecen como altas y bellas mujeres jóvenes de pálidos rostros. Usan túnicas de colores oscuros que contrastan con sus claros cabellos y rojos labios. Pueden volar, aparecer y desaparecer, y llamar a los seres tenebrosos de las profundidades de la tierra. ¡Son de temer!

◀ Esqueleto y contorno

▼ Líneas principales

Personajes de los Bosques y Montañas Encantadas

Enanos · Gigantes · Ogros · Trolls · Hombres verdes · Centauros

La cuarta parte de la Galería de Personajes Mágicos está dedicada a personajes de los **Bosques y Montañas Encantados**. Hay una gran variedad de seres mágicos que habitan estos misteriosos parajes del mundo feérico. Son legendarios habitantes, especialmente los gigantes, que protagonizan leyendas de Europa, Asia y América. Algunos los consideran también como duendes, pero prefiero distinguirlos, ya que tienen particularidades especiales. Hay grandes diferencias entre estos personajes mágicos, como los ogros o los trolls, que son famosos en cuentos de hadas muy antiguos. Los centauros y el hombre verde fueron incorporados en las mitologías griega y celta.

He incluido algunos ejemplares de enanos, gigantes, ogros, trolls, centauros y hombres verdes.

¡Continuemos, pues, este singular desfile!

Enanos

Seres de baja estatura, barbudos y rudos. Trabajan en las minas extrayendo metales y piedras preciosas. Llevan bolsas para cargar sus pesados tesoros.

Forjan con los metales que extraen anillos, pectorales, armas y ornamentos.

Muy activos, viajan en grupos y cantan canciones alegres para animarse.

Usan picos y palas para su trabajo, visten ropas rústicas, gorros y capuchas puntiagudas, botas y cinturones de cuero con grandes hebillas.

También gustan de trenzar sus largos cabellos. Los bosques y las montañas son sus lugares preferidos para vivir.

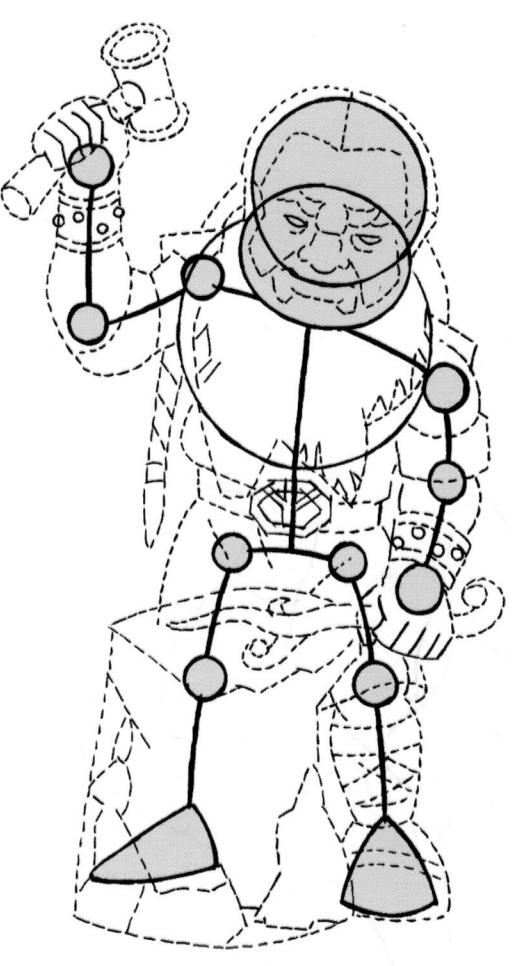

◄ Esqueleto y contorno

▼ Líneas principales

Gigantes

La mayoría de las leyendas de la **antigüedad** habla de los gigantes. Son seres de gran estatura, con gran fuerza física; algunos son barbudos, de grandes ojos, nariz y boca. También tienen manos poderosas y son muy corpulentos.

No son muy amigables que digamos, la mayoría ha hecho desastres. Mucho cuerpo y poca cabeza. Han raptado doncellas y princesas, y las han encerrado en calabozos y jaulas de las más variadas formas. Viven en montañas y lugares alejados.

También son rudos y brutales. Lo asombroso es que se han encontrado huesos de estos seres, ¡huesos mucho más grandes que los de los cuerpos humanos! En las Islas Filipinas se hallaron huesos de un ser de casi ¡seis metros de altura!

Esqueleto y contorno ▲

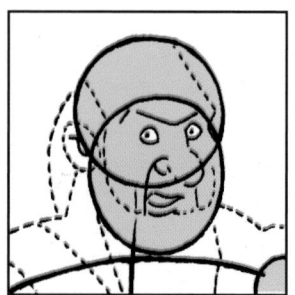

▼ Líneas principales

132

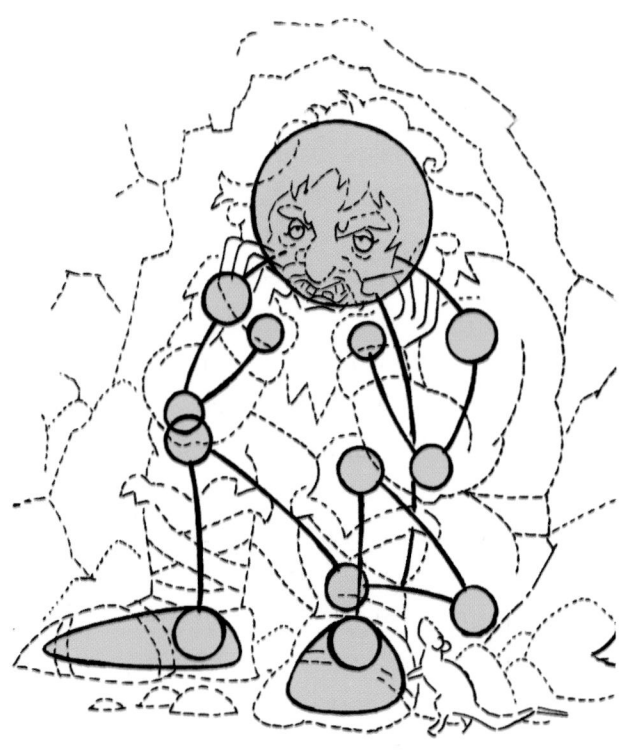

Ogros

Los ogros son gigantes que comen carne humana, y no son inteligentes, sino más bien brutales y hostiles. También son más feos que los gigantes.

Pueden vivir solos o en grupo, lo que los hace más peligrosos. Sus ropas parecen harapos, pueden utilizar armas como grandes hachas y bolas de acero con filosas puntas encadenadas. Son protagonistas de muchos relatos de la mitología nórdica.

◀ Esqueleto y contorno

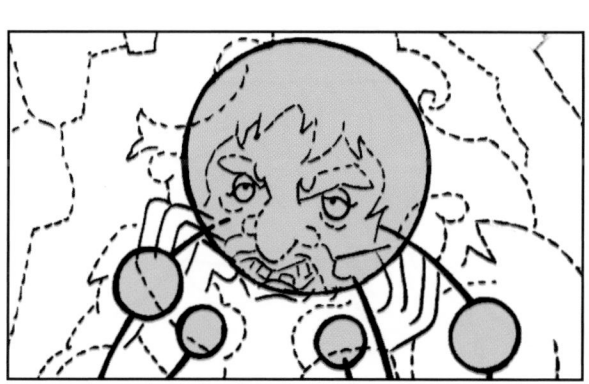

▼ Líneas principales

Trolls

Son seres grotescos, con afilados dientes y grandes bocas, largos brazos con enormes manos que parecen garras. Tienen mucho pelo sobre la cabeza y el cuerpo. Viven en pequeñas tribus dentro de montañas y lúgubres bosques. Son feroces y dañinos, les gusta ser cazadores de gnomos y otros seres indefensos. Fabrican todo tipo de armas punzantes, como ser hachas, lanzas y cuchillos. Usan ropas marrones y grisáceas, llenas de cordones, bolsas, cosas colgadas, y muchos amuletos.

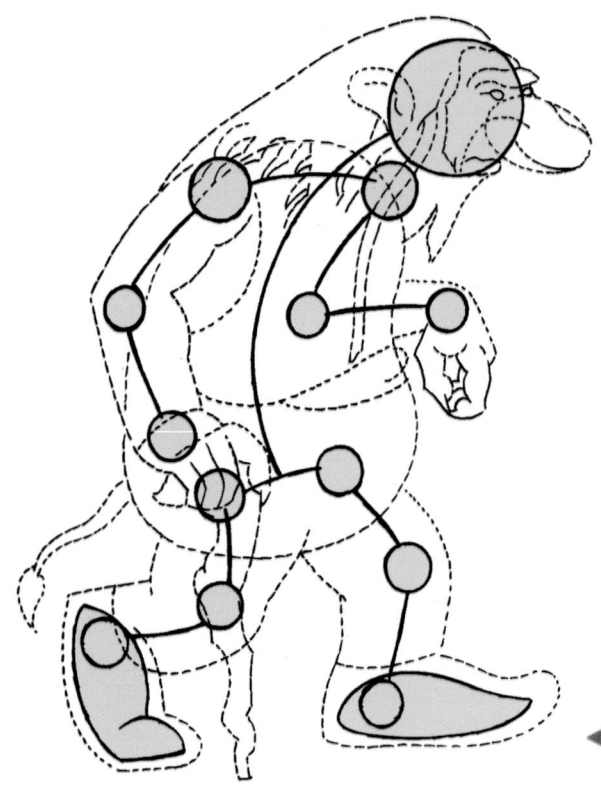

◄ Esqueleto y contorno

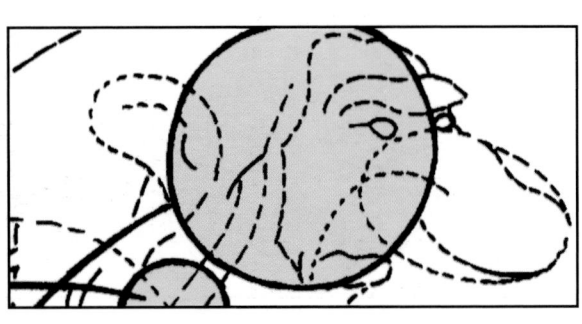

▼ Líneas principales

134

Hombres verdes

Son seres muy misteriosos y enigmáticos que provienen de las leyendas celtas. Sus rostros están cubiertos de hojas, por ser mitad hombre y mitad árbol. Deambulan por los bosques y las selvas, aparecen y desaparecen rápidamente, pudiendo sobresaltar a más de un viajero. Podríamos imaginarlos como una tribu de pequeños seres que se confunden entre las hojas y las raíces. O también de gran tamaño, siendo su cuerpo grande como el tronco de un árbol.

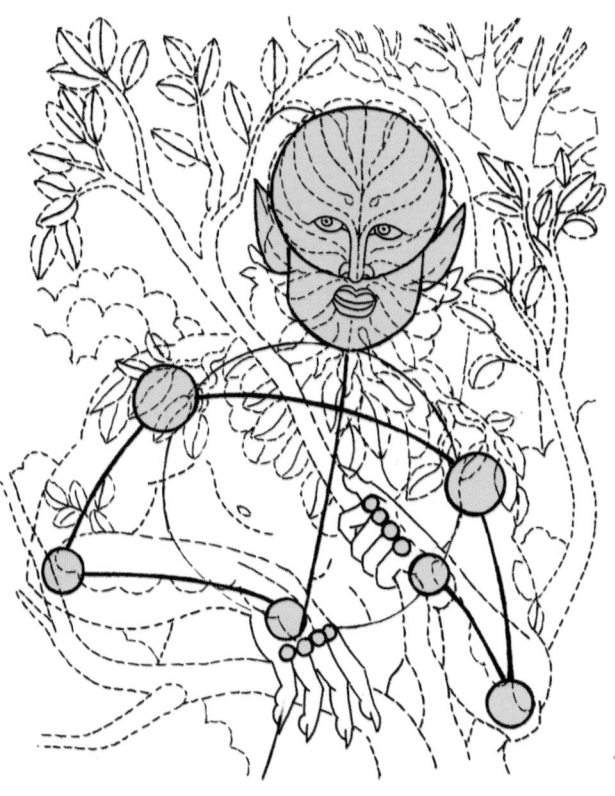

◀ Esqueleto y contorno

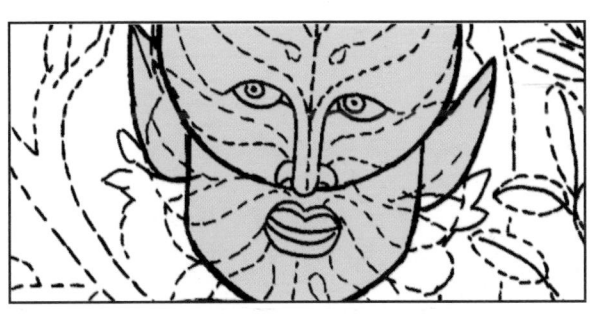

▼ Líneas principales

135

Centauros

Los centauros son seres mitad hombre y mitad caballo, muy famosos en los relatos épicos griegos y nórdicos. Habitan en montes y selvas boscosas, tienen una vida ruda y salvaje. Han participado en grandes batallas, siendo eximios tiradores con el arco y la flecha.

Viven en comunidades tribales; algunos se han transformado en personajes ilustres por su sabiduría y valor, como el famoso centauro **Quirón**, quien tuvo una conducta respetable y fue considerado como el más justo de los centauros.

Esqueleto y contorno ▲   ▼ Líneas principales

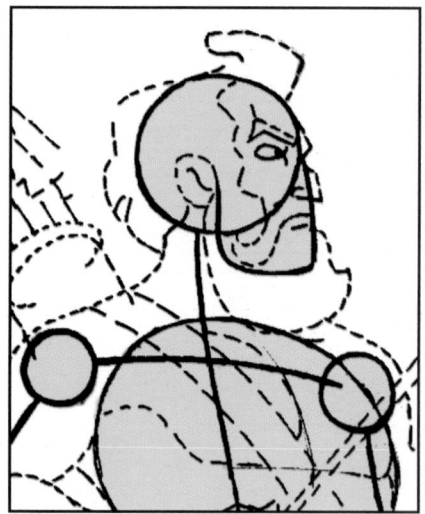

Personajes del Mundo Fabuloso

Sirenas · Tritones · Cíclopes · Genios · Orcos · Gárgolas · Yetis

La quinta parte de la Galería de Personajes Mágicos está dedicada a personajes del **Mundo Fabuloso**. Existe una gran variedad de seres que moran este intrigante universo, por eso he seleccionado algunos de los más conocidos.

Los encontrarás en notables sagas de la mitología griega y leyendas de Oriente. Dentro de montañas nevadas, mares profundos, legendarios reinos, oscuros parajes e islas misteriosas viven sus aventuras extraordinarias. Los hay encantadores y otros no tanto. Algunos pueblan pesadillas y extrañas historias.

De algunos de ellos, como las sirenas y los yetis, se asegura su existencia real, pero esto no nos cabe evaluar. De otros, como las gárgolas, se cuenta que nacieron como un experimento de hechiceros. Las fábulas, fábulas son, pero es posible que en los orígenes de las leyendas de fantasía, haya algo de cierto. ¡Todo es posible en el mundo de la fábula!

¡Continuemos, pues, este singular desfile!

Sirenas

Son seres misteriosos y sensuales, mitad mujer y mitad pez, que pertenecen al reino acuático.

Las sirenas son famosas en los cuentos de marinos, que las han visto o han escuchado su canto en largos viajes a mares lejanos. Sus hermosas melodías son peligrosas, y los barcos pueden naufragar al intentar acercárseles.

Con sus largas cabelleras, sus hermosos rostros y cuerpos lánguidos, reposan entre las rocas, nadan en las profundidades de los mares y océanos. Algunos dicen que vienen de ciudades y palacios submarinos.

Esqueleto y contorno ▲

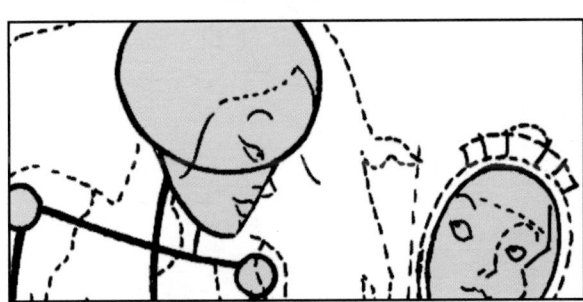

▼ Líneas principales

Tritones

Los tritones son la versión masculina de las sirenas, seres mitad hombre y mitad pez. Sirven a Poseidón, Rey de los mares.

Los tritones aparecen como hombres barbudos y con cola de pez; hacen sonar caracolas para comunicarse entre sí. Algunos llevan tridentes en sus manos. Otros navegan junto a caballos marinos gigantes y delfines.

Viven en poblados submarinos y conviven con las sirenas y otros seres marinos, como los grandes hipocampos.

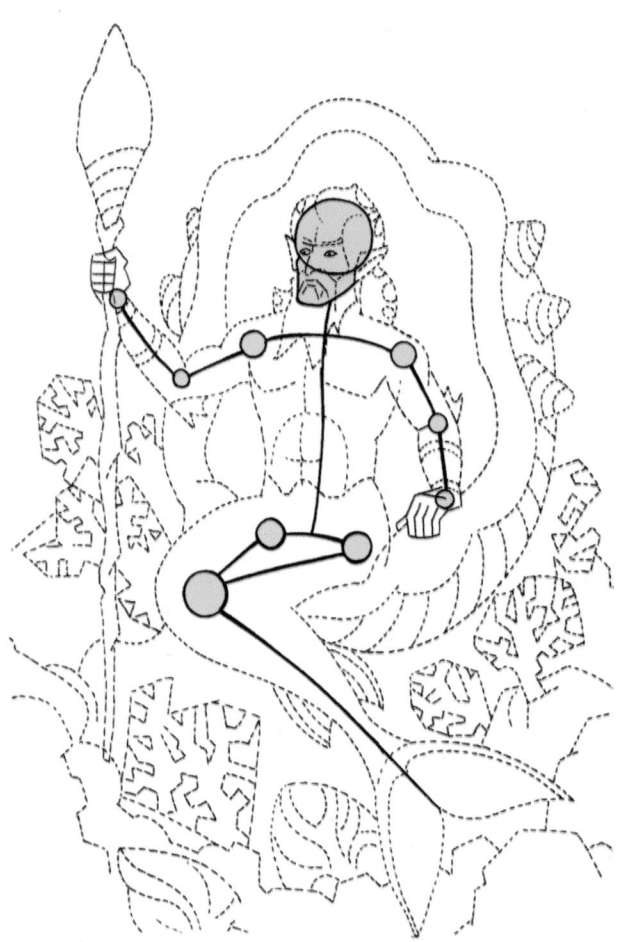

Esqueleto y contorno ▲

▼ Líneas principales

Cíclopes

Son gigantes de enorme estatura con aspecto humano; tienen un solo y enorme ojo que les da un aspecto hostil y maléfico. Los cíclopes aterrorizan y pueden controlar tormentas y huracanes, pueden vivir cerca o dentro de volcanes, también en profundas y grandes cuevas.

Son poderosos y de fuerza descomunal.

Construyeron gigantescas murallas y edificios en la **antigüedad.**

Viven solos o en pequeñas comunidades, en misteriosos lugares como islas o tierras lejanas. En los tiempos antiguos, habitaron como raza de pastores en una isla llamada Trinacria. Uno de los cíclopes más famosos fue Polifemo.

Esqueleto y contorno ▲

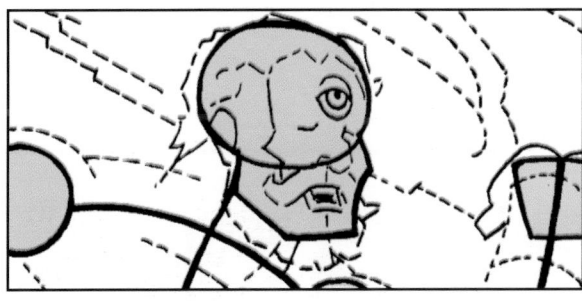

▼ Líneas principales

141

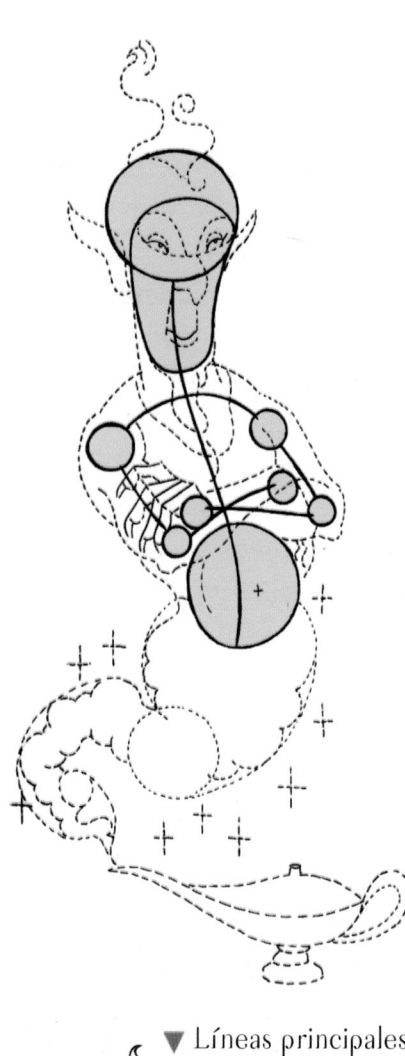

Genios

Son duendes famosos de Oriente, llenos de misteriosos poderes benévolos y malignos.

Es muy conocida la historia de "Aladino y la Lámpara Maravillosa", de la cual salía el famoso genio que concedía tres deseos.

Tienen muchos poderes; pueden cambiar de tamaño a voluntad, y también tomar forma de animales, personas y objetos.

Su aspecto varía según el tipo de genio; los hay más presentables, pero otros son un tanto horribles.

Los genios suelen ser encerrados en botellas o lámparas de aceite, transformadas en lámparas mágicas que con sólo frotarlas el genio se libera, apareciendo primero como una nube de color y polvo de estrellas.

No les gusta estar encerrados de ninguna manera, por eso son inteligentes y tramposos para obtener siempre su libertad.

◀ Esqueleto y contorno

▼ Líneas principales

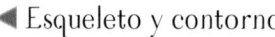

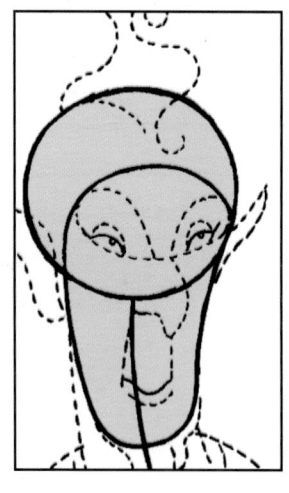

Orcos

Los orcos son seres guerreros muy grotescos, creados por magos hechiceros a través de manipulación genética de linajes élficos. Estos humanoides tienen cuerpos oscuros o verdosos, deformes y encorvados, con grandes brazos y poderosos músculos. Sus rostros animales muestran hocicos y feroces colmillos. Viven de la caza y el saqueo. Utilizan armas, como lanzas, hachas, cuchillos y arpones. Enemigos de hombres y elfos, están siempre dispuestos a combatir y crear caos.

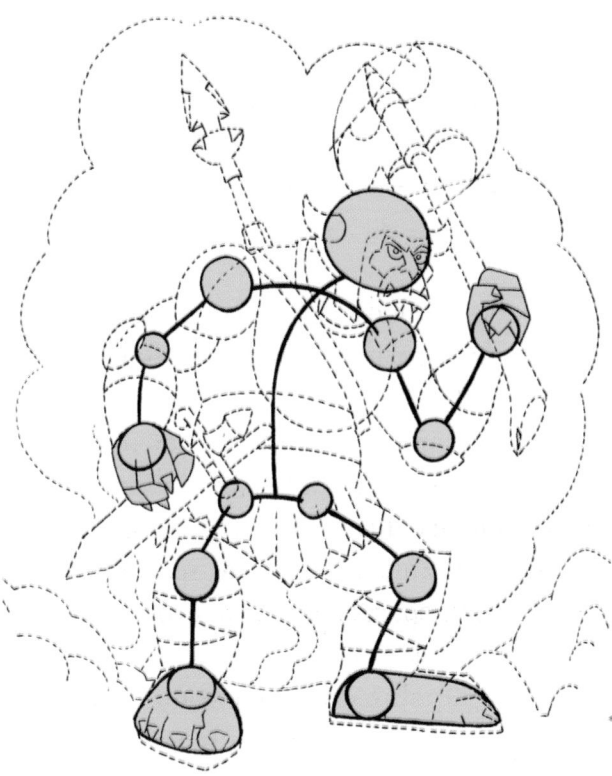

◄ Esqueleto y contorno

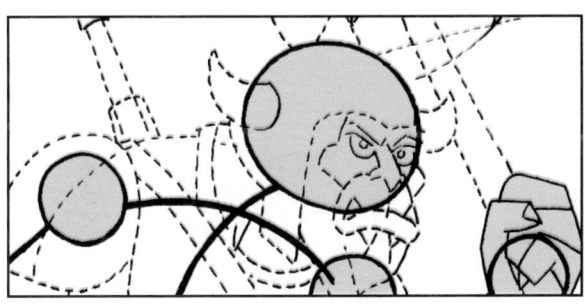

▼ Líneas principales

Gárgolas

Son criaturas guerreras que fueron creadas por magos hechiceros para defensa de fortalezas, castillos, templos y cuevas con tesoros. Estos oscuros seres vigilantes de la noche, con sus brillantes ojos y con su aspecto hostil y extraño atemorizan a quienes se acercan. Tienen alas de murciélago para volar, garras poderosas para el ataque y cuerpo robusto con piel gruesa. De día se posan en altos muros de templos y castillos, convirtiéndose en estatuas de piedra. Existen dos especies de gárgolas: las **Kapoacinths,** que son acuáticas y moran en las profundidades submarinas, y las **Márgolas,** que tienen el cuerpo con aspecto de piedra y son muy agresivas. Se organizan en clanes al mando de la gárgola más poderosa e inteligente.

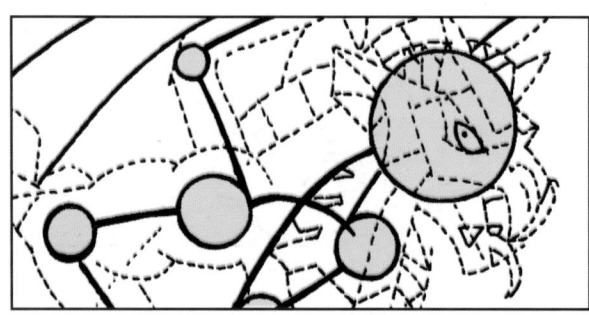

Esqueleto y contorno ▲

▼ Líneas principales

Yetis

Son grandes seres que habitan lugares montañosos y con enormes bosques. Son conocidos en el Himalaya y en América del Norte; allí se los llama *Bigfoot* (piegrande), por sus enormes pies y las huellas que dejan con su andar. Miden más de dos metros; tienen aspecto humanoide, se asemejan a un enorme gorila, pues su cuerpo está cubierto de pelo. Son inteligentes y no se dejan ver con facilidad. Pueden ser agresivos si se ven en peligro o sienten la proximidad de extraños en los lugares de refugio. Viven como tribus y comen vegetales.

Esqueleto y contorno ▲

▼ Líneas principales

Animales Mágicos

Unicornios · Dragones · Grifos · Lechuzas · Pegasos
· Cancerberos · Aves Fénix

La sexta parte de la Galería de Personajes Mágicos está dedicada a los **Animales Mágicos**. Estos fantásticos seres aparecen en leyendas y cuentos de la antigüedad. Algunos son feroces y temibles, como los dragones y los cancerberos; en cambio otros son de gran pureza, aliados del bien, como los unicornios y el fénix.

Muchos de ellos son combinaciones de varios animales o poseen atributos extraordinarios, lo que hace que sus aspectos sean fascinantes y misteriosos.

Héroes de leyendas se enfrentaron a algunos de ellos, hadas y doncellas trabaron amistad con algunos otros. Los magos siempre supieron de su existencia y los respetaron, conociendo a fondo sus particulares características. Los hay en montañas, bosques, lagos, mares, islas, y en innumerables reinos de la fantasía. He incluido los animales mágicos más destacados.

¡Continuemos, pues, este mágico desfile!

Unicornios

Los unicornios, así como los dragones, son los animales más mágicos y populares de las leyendas. Con cuerpos de caballo, patas de antílope, cola de león, esgrimen su largo cuerno en forma de espiral, que parte desde el centro de su cabeza. Algunos cuernos de unicornio son blancos en su base, negro y oro en el medio, y carmesí en la punta. Sin duda, el cuerno es como la varita mágica del mago, todo tipo de prodigios pueden suceder o poderes desatarse de esta singular zona del maravilloso animal. El unicornio representaba para los magos un puente de conexión entre dimensiones y mundos, gracias a su nobleza y pureza. No pueden ser tocados por ningún humano, salvo por una doncella de corazón puro. También los unicornios son feroces a la hora de entablar combate, por ello son considerados animales temibles.

Esqueleto y contorno ▲

▼ Líneas principales

◀ Esqueleto y contorno

▼ Líneas principales

148

Dragones

He aquí uno de los seres mágicos más fabulosos y famosos del mundo: ¡los dragones! Algunos los identifican como sucesores de los dinosaurios, desaparecidos hace millones de años. Tienen la capacidad de transformarse. Algunos son alados y con larga cola serpentina. Pueden tener pelaje o escamas de lagarto, ya que se lo considera una especie de reptil. Poseen varios colores y tamaños, viven en cuevas, vuelan sobre las poblaciones, comen el ganado que encuentran, apresando al animal (a veces personas) con sus garras de águila o de león. También raptan doncellas y las encarcelan en castillos en ruinas, de donde los héroes las deben rescatar. Custodian tesoros en el fondo del mar o en las entrañas de la tierra. Son peligrosos e inteligentes. Algunos pueden hablar como los humanos. Se afirma que no todos son dañinos, sino que han existido razas de dragones en alianza con los hombres. Lanzan llamas con su aliento calorífico al abrir sus fauces.

Esqueleto y contorno ▲

▼ Líneas principales

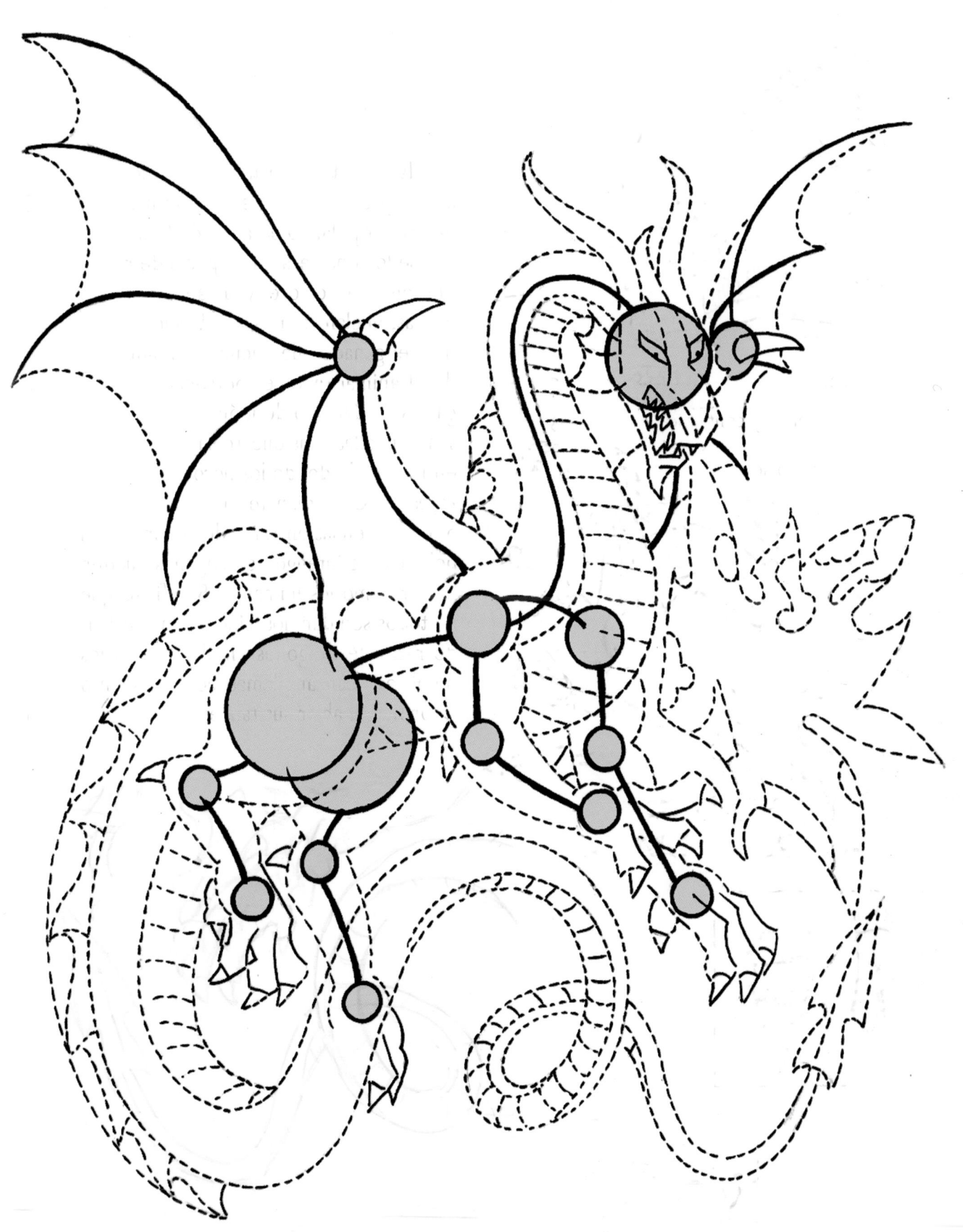

Durante siglos, los dragones fueron emblema de los antiguos chinos, quienes los consideraban seres benéficos, como el dragón celeste, guardián de los palacios imperiales.

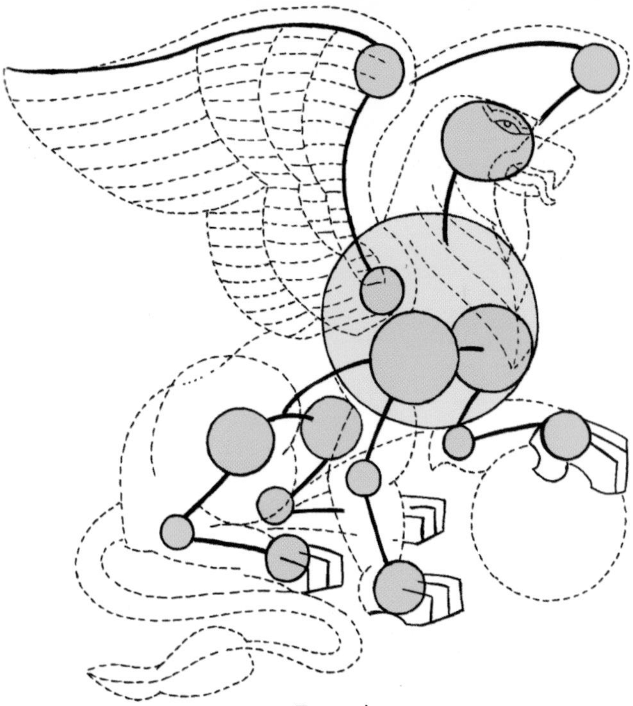

Esqueleto y contorno ▲

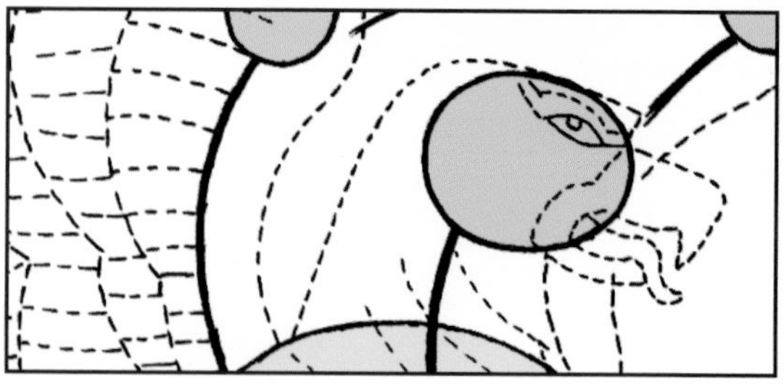

▼ Líneas principales

Grifos

Los grifos son bestias fabulosas, resultado de la combinación de varios animales: medio cuerpo hasta la cabeza, un águila, o un ave; la otra mitad, un león. Otra versión es cuerpo de león y cabeza y alas de águila.

Estos seres mitológicos aparecen en innumerables culturas del pasado, como la babilónica, la sumeria, la etrusca y la griega, y en todo el Oriente.

Los grifos son poderosos guardianes de templos y lugares ocultos. Con su fuerza pueden dar impulso a carrozas de reyes y emperadores. Eternos vigilantes, son símbolo de nobleza y poder.

Esqueleto y contorno ▼

Lechuzas

Estas criaturas nocturnas son sabias y pueden ver donde otros no ven. Guardan muchos conocimientos, y son consultadas por magos, brujas y héroes de leyenda. Son protectoras y en general ayudan a quienes tienen buenas intenciones. También advierten los peligros del mal. Son misteriosas, viven dentro del hueco de grandes árboles en los bosques, o en la casa de los magos, a quienes auxilian.

▲ Líneas principales

155

Pegasos

Se trata de caballos alados, seres mágicos que inspiran a la poesía y la belleza. Aparecen en bellos lugares, entre templos y fuentes cristalinas, cascadas, altas cumbres de montañas. Son mensajeros y ayudan al necesitado.

Los pegasos surgen con la mitología griega. Parecen venir de otro mundo. Llevan a su jinete hacia las alturas de otras dimensiones y universos.

◀ Esqueleto y contorno

▼ Líneas principales

Cancerberos

Animales mitológicos con forma de perro de tres cabezas. Guardianes de las profundidades abismales (el Hades). Sus ojos desprenden una luz rojiza, mientras abren sus fauces mostrando sus agudos colmillos; ladran a cualquier intruso que se les acerca. En algunas ocasiones, sus colas se convierten en serpiente, haciéndolos aún más temibles.

Esqueleto y contorno ▲

▼ Líneas principales

Aves Fénix

Aves de la inmortalidad, de gran importancia en la mitología egipcia, representan lo que es indestructible. Estas fabulosas aves eran descritas como grandes águilas de bellas plumas doradas y rojas. Su canto melodioso se tornaba lastimoso y melancólico en presencia de la muerte. Los Fénix son un símbolo luminoso y radiante. Su brillo anuncia el renacimiento de la vida luego de la muerte. Ese es el gran poder de los Fénix, ¡la resurrección! Estas aves morían en una pira de fuego y renacían de sus cenizas con un plumaje aún más bello y un canto sublime. Son seres mágicos y misteriosos.

Esqueleto y contorno ▲

▲ Líneas principales

Índice

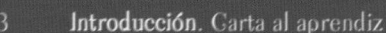

Cómo dibujar Personajes Mágicos
© Fedhar
© de esta edición, Longseller S.A.

DIVISIÓN ARTE LONGSELLER
DIRECCIÓN DE ARTE: Adriana Llano
COORDINACIÓN GENERAL: Marcela Rossi
DISEÑO: Javier Saboredo / Diego Schtutman / Laura Pessagno
DIAGRAMACIÓN: Santiago Causa / Mariela Camodeca / Constanza Gibaut
CORRECCIÓN: Norma Sosa

Longseller, 2004.
Casa matriz: Avda. San Juan 777 (C1147AAF) Buenos Aires - República Argentina
Internet: www.longseller.com.ar • E-mail: ventas@longseller.com.ar

Queda hecho el depósito que marca la ley 11.723.
Impreso y hecho en Argentina / Printed in Argentina

Fedhar
Cómo dibujar Personajes Mágicos. - 1ª ed.; 2ª reimp.
Buenos Aires: Longseller, 2004.
160 pp.; 28 x 20 cm - (Juveniles)

ISBN 987-550-281-2

I. Título – 1. Dibujo-Técnicas
741 FED

 Esta edición de 3.000 ejemplares se terminó de imprimir en la Planta Industrial de Longseller, en Buenos Aires, República Argentina, en noviembre de 2004.